AF730964

Grundzüge
einer
zeitgemäßen Reorganisation
des
Gemeindewesens,
und im Zusammenhange damit,
des Staatsverwaltungssystems.

Mit einer einleitenden Darstellung der Geschichte des Landgemeindewesens in Westpreußen.

Von

R. Wegner,
Stadtrath zu Elbing.

Berlin, 1850.
Verlag von G. Reimer.

Motto: Freunde, treibet nur Alles mit Ernst und Liebe; die beiden
Stehen dem Deutschen so schön, den ach! so Vieles entstellt.

Göthe.

Vorwort.

In Kurzem soll eine Gemeindeordnung für das ganze Land erlassen werden.

Wenige Fragen der Reformgesetzgebung haben einen so gerechten Anspruch auf die allgemeine Aufmerksamkeit als diese.

Jeder gehört ja einem Gemeindeverbande an. Auf die Mitwirkung eines jeden hat dieses der Familie nächste Band gesetzlichen Anspruch, auf jeden vermag es fördernd oder hemmend einzuwirken. So vielen ist es zugleich die Heimath und damit ein Herzensgut.

Und bei Alledem herrscht im Ganzen noch eine seltene Stille über die Hoffnungen, Wünsche, Befürchtungen, die sich an die Aussicht auf die Umgestaltung des Gemeindeverbands für Alle knüpfen sollten.

Nur aus der Provinz Preußen erhob, angeregt von dem politischen Sturme des vergangenen Jahres, der auch den großen Bau von 1808, die Städteordnung, umzuwerfen drohte, eine Schaar von Städten ihre Stimme, und es schien damals, als würde dieses Beispiel in andern Provinzen Anklang und Nachfolge finden. Schon hatte die Stadt Berlin einen allgemeinen Städtetag ausgeschrieben, als mit der Contre-Revolution des November diese Unternehmung stockte. Neuerdings hat sich nur der Berliner Magistrat über den, den jetzt versammelten Kammern vorgelegten ministeriellen Entwurf einer Gemeindeordnung öffentlich ausführlich geäußert, indem er ihn mit Rücksicht auf die darin enthaltenen Abänderungen der Städte-Ordnung von 1808 kritisirte. Von den Landgemeinden ist keine Stimme darüber in die Oeffentlichkeit gedrungen. Seit bald 100 Jahren halten die einen tiefen Schlaf und harren, dem Dornröschen in dem deutschen Mährchen gleich, auf den weckenden Ritter. Aber die Tagespresse, dieser sonst stets bereite Ritter der Schlafenden und Unmündigen, hat sich nicht gelüsten lassen, dies schöne Geschäft zu übernehmen. Die Tagespresse beobachtet über die Gemeindeordnung großentheils ein tiefes Schweigen, sich damit begnügend, gelegentlich auf die Wichtigkeit dieser Reform hinzudeuten.

Bedarf es wohl noch eines weiteren Beweises für die Lethargie des Gemeindelebens in unserm Vaterlande?

Das centrale Staatsdasein hat magnetisch alle Kräfte an sich gezogen. Es ist ja überdies auch von jeher die Weise der Deutschen gewesen, das Nächste über dem Fernliegenden zu vernachlässigen, überall besser als im eigenen Hause Bescheid zu wissen.

So herrscht denn im Allgemeinen auch eine große Unkenntniß über die thatsächlichen Verhältnisse, um deren Ordnung es sich hier handelt, insbesondere was die Landgemeindeverhältnisse betrifft, und aus der Theorie allein läßt sich über einen so unmittelbar ins praktische Volksleben eingreifenden Gegenstand wenig sagen. Aber auch die Theorie über die Grundsätze der Gemeindeordnung, welche aus der Anschauung der thatsächlichen Verhältnisse und dem Meinungskampfe erst völlig geboren wird, ist deshalb noch wenig entwickelt.

Was in den Kreis des Gemeindedaseins begriffsmäßig gehört, welche speciellen Formen das constitutionelle System für diese Interessen im Gemeindeleben beanspruchen muß, wie sich Gemeinde- und Staatsverwaltung gegen einander zu verhalten haben und über die nothwendigen Grundzüge des Gesetzes überhaupt, hat sich die öffentliche Meinung noch nicht das feste Urtheil gebildet, mit welchem ein besonnenes, politisch mündiges Volk so wichtigen Schritten der Gesetzgebung entgegentreten soll.

Es muß hierin für jeden Vaterlandsfreund, der Gelegenheit gehabt hat, einige Kenntniß von dem

Gegenstande zu erlangen, die dringende Aufforderung liegen, ohne Zögern damit vor die Oeffentlichkeit zu treten, wie fern dies auch sonst seinem Wirken liege, und diese Erwägung ist es, welche den Verfasser zu dem nachfolgenden Versuche ermuthigt hat.

Es wird darin, um den Leser vor Allem von der faktischen Lage der Verhältnisse in Kenntniß zu setzen, einen festen Boden für die principielle Erörterung der Gemeindereformfrage zu gewinnen und den praktischen Beweis ihres innigsten Zusammenhanges mit dem ganzen Staatsverwaltungssystem zu geben, zuvörderst ein Bild von dem geschichtlichen Entwickelungsgange und der Gegenwart des Landgemeindelebens in Westpreußen gegeben, zu welchem die Züge zu sammeln dem Verfasser in einem früheren Amts-Verhältnisse als Assessor bei der Königlichen Regierung zu Marienwerder, durch den Auftrag mittelst örtlicher Bereisung die herkömmliche Verfassung der Landgemeinden festzustellen, Gelegenheit wurde.

So viel Individualität diese Züge aber auch tragen, so dürften die Verhältnisse der Landgemeinden der andern Provinzen sich unter der Einwirkung desselben centralen Regierungssystems der preußischen Herrscher und auf der slavisch-germanischen Grundlage, die allen alten Provinzen gemeinsam ist, in ihrem Ausgange sehr ähnlich gestaltet haben.

Ja, Westpreußen, diese alte Colonie des ganzen Deutschlands aus seiner größten blühendsten Zeit, ist vielleicht mehr als jede andere Provinz des Staats geeignet, ein treffendes Gesammtbild des Entwickelungsganges der Landgemeinden zu geben, da in der Geschichte dieser Provinz die charakteristischen Züge der altdeutschen Landgemeindeverfassung, welche sich viele Gemeinden unter Polnischer Herrschaft unversehrt erhalten hätten, und des noch jetzt nicht aufgegebenen Verwaltungssystems Friedrichs des Großen, welches 1773 an deren Stelle trat, später aber die Einwirkungen der hier sofort mit großer Energie ausgeführten Reformgesetzgebung der Jahre 1807 folgd., insbesondere der Agrargesetzgebung in schlagenden Gegensätzen schnell hinter einander ans Licht treten.

Die städtischen Verhältnisse bedurften einer speciellen Schilderung nicht. Mit der Städteordnung von 1808 ist da der alte historische Boden schon gänzlich geebnet. Eine flüchtige Skizze des allgemeinen Entwickelungsganges genügte hier.

Ohnehin ist die Tendenz dieser Arbeit vorzugsweise auf die gründliche Reorganisation des in seiner Entwickelung in jeder Beziehung zurückgebliebenen Landgemeindewesens gerichtet.

An die geschichtliche Darstellung schließt sich die Erörterung der theoretischen Principien, welche in jener allein einen sichern Boden finden konnte.

Der Staat ist ein beständig Werdendes und die Lebensbedingungen seines Werdens, welche die Theolie aufstellen soll, treten in dem Wechsel seines Zu-

und Abnehmens, den uns die Geschichte zeigt, erst in längeren Perioden deutlich hervor, dem Baume gleich muß daher das Staatswissen seine Wurzeln erst tief in den Boden der Volksgeschichte senken, bevor es Kraft schöpft nahrhafte Früchte zu tragen.

Aus den so gewonnenen Principien sind unter Vergleichung mit dem erwähnten ministeriellen Entwurf die nothwendigen Grundzüge einer zeitgemäßen Gemeindereorganisation hergeleitet.

Mit unvermeidlicher Consequenz aber führte dieser Theil der Entwickelung auf das Gebiet des allgemeinen Staatsverwaltungssystems, dessen charakteristische Züge sich in der Geschichte des Gemeindewesens ebenso wie in dem jetzt vorliegenden Entwurf einer Gemeinde-Ordnung so deutlich abspiegeln, daß man die Ueberzeugung aussprechen darf:

Die gründliche und zeitgemäße Reorganisation des Gemeindewesens ist nur zugleich mit der des ganzen Staatsverwaltungssystems möglich. —

Elbing, den 12. November 1849.

Der Verfasser.

Inhalt.

A. Specieller Theil.

I. Geschichte des Landgemeindewesens in Westpreußen.

1. Die Landgemeindeverfassung bis 1773.

Einer stattlichern historischen Grundlage hat sich das Gemeindewesen wohl in keinem andern Theile unsers Vaterlandes zu erfreuen, als in der Provinz Preußen und namentlich in Westpreußen, dem eigentlichen Kern dieser Provinz, von dem die Eroberung des übrigen Theils durch den deutschen Orden im 13. Jahrhundert ausging. Gleich nach seiner Ankunft im Lande verlieh er seinen tapfern Waffengenossen, den Bürgern der neu gegründeten Städte Culm und Thorn, in der Culmischen Handveste vom Jahr 1233 dankbar Alles, was nur zur kräftigsten Entwickelung eines selbstständigen und freien Gemeindelebens wünschenswerth sein konnte. Vor Allem das Recht, sich Richter und Obrigkeit jährlich zu wählen und die Gerichtsbarkeit im Gemeinde-Bann mit Ausnahme der halspeinlichen Sachen, die er sich vorbehielt, dann eine glänzende Ausstattung an Grundbesitz und nutzbaren Rechten, bei besonderer Ausstattung der Kirche im ganzen Gebiete, ferner die Freiheit von Heerfahrten außerhalb Landes und allen gezwungenen Einquartirungen; dazu endlich die Zusage gänzlicher Zollfreiheit für ewige Zeiten, „welches letzte“ — bemerkt Caspar Schuetz, ein Chronist Preußens aus dem 17. Jahrhundert, „das allerherrlichste Privilegium, das ein Herr auf Erden seinem Lande geben kann, und jetzo in der Welt ein gar seltsam Wildpret ist.“

Dieses culmische Recht nun wurde im Wesentlichen die Norm nicht nur für alle spätern Städtegründungen des Ordens, sondern auch für mannigfache Verleihungen an deutsche Landbewohner, welche angezogen von den lockenden Aufforderungen des Ordens, getrieben auch wohl von frommen Gelübden, aus allen Theilen Deutschlands hierhereilten um gegen die heidnischen Preußen — einen wendischen oder slavischen Volksstamm — der sich hier einst nach Verdrängung der Ureinwohner rein deutschen Stammes — der Ostgothen, — niedergelassen hatte — den Vernichtungskampf zu führen und sich dann in freien Stadt- oder Landgemeinden hier anzusiedeln.

Was in jenem Fundamental-Rechte des Ordens über die Gemeindeverfassung unberührt geblieben, das fand seine Ergänzung in den von den Städten meistens gleichzeitig recipirten deutschen Stadtrechten und hieneben in den Ortswillküren, die sich Stadt- und Landgemeinden mit Zustimmung der Hochmeister oder Ordens-Komthure gaben, um ihre innern Verhältnisse völlig zu regeln.

Wie herrlich die Städte in wunderbarer Schnelligkeit unter den Segnungen der Freiheit und des mäßigen Gebrauchs derselben so wie der reichsten Verkehrsgelegenheit in Handel und Gewerbe und der zweckmäßigsten Sorge für deren Gedeihen, hier bald erblühten, wie Thorn, Culm, Elbing, Braunsberg, später auch Danzig und Königsberg bald zu den stattlichsten Gliedern der Hanse zählten, wie sie dann durch den Druck des übermüthig gewordenen Ordens zum Aufstande gereizt im Jahre 1466 mit dem größten Theile der jetzigen Provinz Westpreußen unter polnische Lehnshoheit traten und nach mannigfachen schweren Schicksalen erst im Jahre 1773 durch Polens Theilung wieder unter deutsche Herrschaft kamen, ist bekannt.

Wenig oder nichts ist indessen über den Entwickelungsgang verlautet, welchen die deutschen Landgemeinden in Westpreußen unter der Ordens- und unter der Polnischen Herrschaft genommen hatten.

Unter der Herrschaft des Ordens hatten sie sich mit gleich üppiger Schnelligkeit, als der Gewerbebetrieb in den Städten, der Landbau im ganzen Lande zu hoher Blüthe erhoben, und in Verbindung mit dem Polnischen Hinterlande jenen mächtigen Getreidehandel begründet, der das Ordensland lange Zeit zur Kornkammer des nördlichen Europa's, besonders Englands machte.

Deutscher Fleiß, der hier in Handel, Handwerk und Ackerbau gleich goldnen Boden fand, breitete sich mehr und mehr über das ganze Land aus, und nur ein kleiner Rest der jetzt so zahlreichen slavischen Einwohner hatte sich, theils in eignen Dörfern nach Polnischem Rechte, theils unter deutscher Gutsherrschaft lebend, in Sitte und Sprache noch seine Nationalität erhalten. Längst wäre die völlige Germanisirung der Provinz vollbracht, wenn die Einwirkung 300jähriger polnischer Herrschaft nicht feindlich dazwischen getreten wäre Verheerende Kriege entvölkerten während dieser Zeit das Land, welches zur Ordenszeit sehr angebaut war und in hoher Blüthe stand. In dem 13 jährigen Kriege, welchen der Abfall Preußens vom Orden — 1454 — erzeugte, sind an 30,000 Menschen gefallen und von 21,000 Dörfern in Preußen nur 3013 übrig geblieben.*) In den Schwedisch-Polnischen Kriegen war Preußen dann später abermals lange der Kriegsschauplatz. Inzwischen gewann die polnische Nationalität in dem westlichen, durch den Frieden zu Thorn (1466) unter polnische Hoheit gekommenen Theile des Landes mehr und mehr die Oberhand und drückte demselben auch äußerlich ein polnisches Gepräge auf.**) Vergaß doch ein großer Theil des deutschen landsässigen Adels um des Ansehens am Hofe der polnischen Könige und der Stellenjagd wegen, so weit die Ehre seiner Abstammung, daß er nicht nur polnische Sitte und Tracht annahm, sondern selbst seine deutschen Namen polonisirte! So weit nun haben Bürger und Bauern Westpreußens ihr Deutschthum in der traurigen Periode gänzlicher Trennung vom Mutterlande nicht aufgegeben, freilich auch weniger Versuchung dazu gehabt.

Sehr verschieden hatte sich indessen das Loos der Bauern gestaltet. Unter der Herrschaft des Ordens hatte sich für dieselben, so weit sie nicht als Koellmer völlig unabhängig von jeder Gutsherrschaft dastanden, (wie z. B. der größte Theil der Niederungscolonisten) ein mildes, der deutschen Hörigkeit ähnliches Gewohnheitsrecht gebildet,

---

*) v. Holsche, Geographie und Statistik von West-, Süd- und Neuostpreußen. S. 76.

**) Harthnoch, Altes und Neues Preußen. S. 449.

unter dem sie keineswegen rechtslos und leibeigen waren. Auf den Gütern des Ordens (den spätern Starosteien) und der Geistlichkeit erhielt sich auch unter Polnischem Scepter so ziemlich die alte Gewohnheit. Dienst und Abgaben blieben in gleichem Maaße, die Vererbung der Höfe wurde in der Regel nicht unterbrochen und um das innere Dorfregiment kümmerte man sich fast gar nicht, so daß die Gemeindeordnung, wo nur die Elemente nicht fehlten, sich frei und selbstständig entwickeln konnte. — Nicht das Gleiche gilt von den Privatgütern des Adels und der Städte. Hier bildete sich vielfach die strenge Lehre der Erbrechtslosigkeit und Eigenhörigkeit aus, und wo insbesondere der polnische Volksstamm der herrschende geworden war, wie in Pomerellen, Kassuben, der Löbau und vielfach auch im Culmer Lande, entwickelte sich in der Regel jene entschiedene Leibeigenschaft, unter deren Druck hier wie überall der Bauer zum Arbeitsthier herabsank und damit auch die Fähigkeit für ein ausgebildetes Gemeindeleben in ihm verkümmern mußte.*) Für die Geschichte der Gemeindeordnung kann die Betrachtung der Verhältnisse dieser armen Parias, die zur Zeit der preußischen Occupation wohl beinahe die Hälfte der ländlichen Bevölkerung Westpreußens ausmachten, nichts darbieten. Um so reicheren Stoff gewährt dagegen die Durchforschung der geschichtlichen Denkmale des Gemeindelebens der Dörfer, welche ihr deutsches Wesen, der Ungunst der Verhältnisse ungeachtet, mehr oder minder auch unter polnischer Herrschaft zu bewahren wußten.

*) Harthausen, Ländliche Verfassung von Preußen. S. 211. 223. 253 folg.

Hier liegen die Quellen, an denen in der Vorzeit eine kräftige Selbstregierung der Landgemeinden erblühte, zu Tage.

Sollte die Gegenwart für ihren dürren Verfassungs-Schematismus Nichts mehr daraus zu schöpfen haben?

Urkunden über die frühere ländliche Gemeindeverfassung — sogenannte Dorfs-Willkühren — finden sich in allen Theilen der Provinz vor, in denen das deutsche Element nicht der polnischen Nationalität gewichen oder in gänzliche Gutsunterthänigkeit gesunken war. Zu verschiedenen Zeiten und Orten entstanden, haben die alten Dorfgesetze doch in ihren Hauptzügen viel Verwandtes.

Wir versuchen es, diese wahrhaft aus dem Volksgeist hervorgegangenen Schöpfungen möglichst mit den eigenen Worten in Kurzem zu charakterisiren:

> „Zur Erhaltung guter Ordnung, Recht und Gerechtigkeit“ (Dorfordnung von Ksionkſen, Kreis Straßburg.)
>
> „Darumb, daß ein jeder Nachbar sich ordentlich und ehrlich wisse zu halten.“ (D.-O. Nizewken, Kreis Thorn.)
>
> „Damit die hohe Obrigkeit keine Turbation habe, und dennoch gute Ordnung im Dorf sei.“ (D.-O. Komini, Kreis Straßburg.)

wurden die Willkühren „nach gemeinem Gebrauch,“ „unter Vorwissen und Genehmigung der gnädigen Obrigkeit,“ „mit göttlicher Hülfe,“ „von den Nachbarn aufgerichtet“ oder „von der Herrschaft und Nachbarschaft einhellig beschlossen.“ (D.-O. Rundewiese, Kreis Marienwerder.)

Nachdem vor Allem zu gottesfürchtigem Wandel ermahnt und der sonntägliche Kirchenbesuch, wenigstens eines Familiengliedes, selbst bei Strafe, angeordnet, Feldarbeiten an diesem Tage verboten waren, wurde zunächst die Stellung der Dorfsobrigkeit, des Schulzen und der Geschwornen bestimmt.

A. Schulz und Geschworne.

Die Wahl des Schulzen haben in der Regel die Nachbarn (bäuerliche Einsassen) in den königlichen Ortschaften ganz selbstständig, in den adlichen und Kämmerei-Besitzungen „unter Genehmigung der Erbobrigkeit." Zuweilen wählte aber letztere, oder auch die Dorfschaft allein. Die Geschwornen (auch Schöppen, Rathmänner, Gerichte genannt), oder wenigstens einen derselben wählt sich dagegen der Schulz selbst. Der Schulz nun, theils allein, theils in Gemeinschaft mit seinen Beisitzern, theils endlich der ganzen Nachbarschaft übt die obrigkeitliche und richterliche Gewalt im Dorfe in weitem Maaße aus:

„Der Schulz nebst seinen Gerichten soll schuldig sein, jedwedem sein Recht, welches ihm von Gott und der Gerechtigkeit wegen zukommt, mitzutheilen." ꝛc.

„Alle zwistigen Sachen und Händel sollen vor den Schulzen gebracht, verzeichnet, und aufs Gericht gesprochen werden." (D.-O. Nizewken).

„Der Schulz soll in allen Sachen laut hiesigem Landrecht und Willkühr in jeder vorkommenden Klage richten und vereinigen." (D.-O. Komini).

Er wird

„deshalb auch vereidigt, nach der Willkühr jedem zu Recht zu verhelfen." (D.=O. Heinrichau.)

Seine Gerichtsbarkeit umfaßte nicht nur Civil=Streitigkeiten und das ganze Gebiet der sogenannten freiwilligen Gerichtsbarkeit, sondern auch kleine Criminal=Sachen.

Diebstähle, Injurien, üble Nachrede, Unzucht, schlechter Kirchenbesuch, Fluchen, werden in den Willkühren meistens ausdrücklich den Dorfgerichten überwiesen. Endlich war die Aufrechterhaltung der gesammten Feld=, Feuer=, Wege=, Gesinde=Polizei in des Dorfes Grenzen der Macht und Strafgewalt des Schulzen, theils mit, theils ohne Zuziehung der Geschwornen und der Nachbarn unterworfen. Das Dorfgericht setzt Strafen in dem von der Willkühr bestimmten Maaße an Geld — zur Dorfkasse oder an die Herrschaft zu zahlen — an Bier — für die Nachbarn — an Wachs — für die Kirche — oder auch Stocksitzen und Züchtigung meistens in blos mündlicher Form fest.

Nur „Peinliche Halssachen," „Oeffentlicher Todtschlag," „Ehebruch" und „Große Diebstähle" sollen gleich bei Hofe, d. i. bei dem Starosten oder Gutsherrn angezeigt werden.

„Für seine Mühe" erhält der Schulz theils feste Beiträge pro Morgen, theils Accidentien an Ladungs=, Spruchgebühren 2c.

B. Die Nachbarschaft.

In größern Sachen zieht der Schulz aber, wie bemerkt, die ganze Nachbarschaft, d. h. sämmtliche bäuerliche Grundbesitzer zu.

„Ist's aber eine ganz hohe und wichtige Sache, das der Schulz mit den Gerichten nicht beilegen kann, noch vertragen; so nimpt er die ganze Nachbarschaft darin zu Hülfe." (D.=O. Nizewken.)

Die Nachbarschaft steht als höchste Autorität des Dorfes da. Vom Schulzen appellirt die Parthei an die ganze Nachbarschaft und dann erst an die Herrschaft. „Der Schulz, der Recht verkürzt, soll von ihr gestraft werden." (D.=O. Ksionksen; D.=O. Rundewiese.)

„Mit bloßem Haupte und stehend soll jeder schuldig sein, seine Klage bei der Nachbarschaft vorzubringen." (D.=O. Heinrichau.)

„Also sollen die Nachbarn sitzen, richten und vertragen alle wichtigen Sachen." (D.=O. Komini.)

Gutskäufe werden in allen Orten von der ganzen Nachbarschaft vollzogen.

Ueber Aufnahme in den Dorfverband bestimmt die Nachbarschaft.

Sie nimmt sich der Waisen und Unmündigen an, ihnen Vormünder und Verwalter bestellend.

Bei Bauten, bei Brandunglück leistet die ganze Nachbarschaft Hülfe durch Beiträge in Geld, Naturalien, Fuhren 2c.

Die ganze Nachbarschaft wird aufgeboten, einen Dieb 24 Stunden lang zu verfolgen; und wie sie sich ihres Lebens bei Verzehrung der Bierstrafen gemeinsam erfreut, so geleitet sie endlich ihre Todten gemeinsam zu Grabe. (D.=O. Heinrichau.)

C. Geschlossener Dorfverband.

Ein so enges, Leben und Streben umfassendes, Verhältniß der Nachbarn mußte nach Außen hin fest geschlossen sein, um fortbestehen zu können. Daher dann durchgehends die Bestimmung in den Willkühren getroffen wird:

> „Es soll Niemand zum Nachbarn in Erkaufung genommen werden, es sei denn mit Verwilligung der ganzen Nachbarschaft.“

In der Willkühr von Nizewken heißt es dann noch:

> „Es soll auch ein Deutscher Mann sein und kein Polnischer, der kein Holländer Gebrauch weiß.“

Der Käufer mußte „Zeugniß seines ehrbaren Verhaltens und Belobens“ vorbringen. Dabei hatten aber doch unter allen Umständen erst die Grenznachbarn und dann noch alle übrigen Nachbarn ein Näherrecht, und der Verkäufer konnte bis Mittag des andern Tages, wenn es ihn reute, zurücktreten Ein jeder Nachbar mußte endlich auf seinem Hofe selbst wohnen oder doch eine tüchtige zur Vertretung geeignete Person dort halten.

Aber nicht bloß in Betreff der Nachbarn war der Dorfsverband so strenge geschlossen, auch einen Gärtner und andere Hausgenossen durfte Niemand ohne Vorwissen des Schulzen und der Aeltesten annehmen. Der Angenommene aber mußte erst bei dem Hausherrn, dann bei den Nachbarn auf Verlangen zur Arbeit gehen, ehe er bei Fremden Arbeit annehmen durfte.

Die Verpflichtung zur Armenpflege ging in Betreff solcher Leute aber gleichwohl nicht auf die Dorfschaft über, sondern lag dem Nachbarn ob, der die Familie aufgenommen. In ein näheres Verhältniß zur Dorfschaft trat der unangesessene Einwohner nicht.

Für die Einprägung des Dorfgesetzes, das in des Volkes eigenster Sprachweise abgefaßt, größtentheils nur materielle Bestimmungen enthielt, und oft durch bunte Schriftzüge und Verzierungen freundlich fürs Auge ausgestattet war, wurde durch ein- bis zweimalige Vorlesung in jedem Jahre und natürlich bei jeder Aufnahme eines neuen Nachbars gesorgt, für die Fortbildung des Rechts durch Revision und neue Auflegung, die z. B. in Ksionksen, Kreis Straßburg nachweislich bis 1801 dreimal stattgefunden.

Alles aber auf Dorfs-Gerichtsbarkeit, Verwaltung und Geschichte Bezügliche wurde von dem Schulzen zu dauerndem Andenken in das sogenannte Dorfsgerichtsbuch eingetragen.*)

Man sieht, die Polnischen Herren gestatteten der Freiheit des innern Landgemeindelebens vollen Spielraum. Der Bauer war und blieb Hintersasse des Gutsherrn. Man ließ ihn gewähren, wenn der Zins der „gnädigen Schloßherrschaft“ nur richtig abgetragen wurde, und sein beschränktes Dasein kam nicht in Berührung mit dem Polnischen Staatsleben, in dem es kraus genug herging.

---

*) Ein getreues Bild davon, wie sich das Gemeindeleben deutscher Dörfer unter Polnischer Herrschaft hiernach gestaltete, ein Bild voll Licht und Schatten, (denn auch an Hexenprozessen fehlte es nicht) gewährt das jetzt in der Registratur des Ministeriums des Innern befindliche Dorfgerichtsbuch von Krummfließ, Kr. Deutsch Krone, in dessen, einen fast 200 jährigen Zeitraum umfassenden Verhandlungen sich das ganze Schalten und Walten der Dorfgerichte und Nachbarschaft abspiegelt.

2. Die Landgemeindeverfassung von 1773 bis 1807.

Ganz anders mußte sich die Entwickelung des ländlichen Gemeinwesens im westlichen Preußen gestalten, als 1773 an die Stelle der schlaffen polnischen Regierung das scharfe centrale Regiment Friedrich II. trat. Gleich die erste Reise durch seine neue Provinz, die ihn freilich zunächst durch die elendesten ganz von Polnischer Bevölkerung bewohnten Theile führte, bestimmte den König zu einem umfassenden Reorganisations-Plan. Ihn jammerte das erbärmliche Aussehen des durch Kriege und schlechte Wirthschaft ausgesogenen Landes, die elende Bauart der Häuser, die schlechte Bestellung der Felder, die Vernachlässigung des Obstbaues wie jeder Cultur, die Unordnung und Unreinlichkeit, mit einem Worte: die Polnische Wirthschaft. Das sollte anders werden! Er hob sogleich die Leibeigenschaft allgemein auf, schränkte das Schaarwerk ein und sicherte den precären Besitz der Bauern durch Zusage von Erblichkeit in der Familie.

Aber der König überzeugte sich bald, daß es damit nicht gethan war und daß auch mit der den Beamten befohlenen „vernünftigen Anweisung und gütigen Behandlung" gegen die Trägheit und Rohheit einer entarteten Bevölkerung vergebens angekämpft wurde.

> „Sie müssen," äußert der Monarch im Decbr. 1779 bei einer Reise durch Westpreußen gegen seine Umgebung, „durch Drohung umgekehrt werden, daß wenn sie sich nicht im Guten bequemen,

sich nach der ihnen zu gebenden Anweisung einer bessern Ordnung und Kultur ihres Ackerbaues zu befleißigen, sie sodann auf die Oesterreichische Methode behandelt und ebenso tractirt werden würden, wie es mit denen geschieht, die unter Oesterreichische Hoheit gekommen sind, damit sie sich nach und nach von ihrer alten Trägheit abgewöhnen und ihre Wirthschaft besser einlenken."

"Wird das Volk nicht in einen andern Schlenter gebracht, kann die Provinz nie in einen bessern Wohlstand kommen."*)

Dieser Geist war es, der die allgemeine Dorfsordnung für Westpreußen vom 3. October 1780 dictirte, welche in dem schärfsten Gegensatze zu den vorbesprochenen Dorfgesetzen steht.

Wohl mochte der König dabei vorzugsweise die polnische Bevölkerung im Auge haben. Aber die deutsche wurde nicht minder davon getroffen. Und es scheint wohl, als ob auch der deutsche Bauer, die Niederungen ausgenommen, in denen sich deutscher Fleiß und deutsche Sittenstrenge wohl erhalten, unter dem polnischen Einfluß hie und da verwahrlos't, dem Trunk ergeben und überhaupt gesunken war.

Landwirthschaftliche Belehrung bis ins Detail ist der Kern der neuen Dorfsordnung, welche zugleich strenge Maßregeln trifft, daß die gegebenen Lehren auch befolgt werden.

---

*) Vergl. Roscius Westpreußen von 1772 bis 1827. S. 143.

A. Schulz und Geschworne.

Ganz verändert ist hierbei die Stellung der Schulzen. Der Schulz ist in einen landwirthschaftlichen Aufseher des Staats, in einen Untervoigt des Domainenbeamten verwandelt, der den Bauer zu Fleiß und Ordnung und zu Erfüllung seiner Prästanda an den Gutsherrn anhalten soll. § 4 charakterisirt seine Stellung:

„Wenn aber die Beamten ihrer übrigen Verrichtungen und Geschäfte halber nicht unablässig in den Dörfern sein können, und deshalb in allen Dörfern Schulzen vorhanden sind, so müssen diese ihrer obliegenden Pflicht treulich und gewissenhaft nachkommen; und insbesondere

1) auf alles dasjenige, was in ihrer Dorfsordnung unten weiter vorgeschrieben ist, gebührend halten;
2) den Bauern alle Königlichen und Amtsbefehle deutlich bekannt machen, und was deshalb schriftlich an sie gekommen, sorgfältig verwahren;
3) den Bauern die vom Amte verlangten Schaarwerksdienste gleich ankündigen und sie zu deren Leistung anhalten.
4) die Wiederbesetzung der etwa noch wüsten Dorfhuben oder Höfe auf alle Weise befördern.
5) die Sachen, welche in der Gemeinde wegen Pfändung, Haltung der Gehege, Bewachung

der Feuer-Stellen, Stege und Wege, und was sonsten zur Nachbarschaft gehört, vorkommen, sofort besorgen.

6) den auf Königliche Pässe erforderlichen Vorspann, die Wolfs-Jagden und andere gewöhnliche Dienste richtig bestellen.

7) den Beamten von der Einsaaßen- und Bauern-Wirthschaft von Zeit zu Zeit zuverlässige Nachricht geben.

8) Auch die üblen Wirthe dem Beamten sofort gehörig anzeigen, und sich überall dergestalt treu und fleißig beweisen, wie es ehrbaren und rechtschaffenen Schulzen eignet und gebührt." —

In dem langen Register der Amtspflichten des Schulzen als gutsherrlicher Aufseher wird seine Stellung als Gemeindeobrigkeit und Haupt der Nachbarschaft hier kaum noch erwähnt.

Unter welche strenge Vormundschaft aber die Bauern von Staats- und Amtswegen gestellt werden, davon wird man sich heut zu Tage schwer einen Begriff machen, wenn man dies merkwürdige Gesetz nicht kennt.

Jeder Schritt und Tritt der Dorfseingesessenen kommt unter die Controlle des Schulzen oder Amtmanns, diesen aber ist durch das Gesetz die speciellste Norm ihrer Handlungsweise vorgeschrieben.

Wie gepflügt und gesäet, wie geerntet, wie gemäht werden soll und was irgend zur Wirthschaft gehört, findet sich da vorgeschrieben.

Die ganze Wirthschaft soll ja „reglementsmäßig"

(§ 3) geführt werden. Selbst das spät Schlafengehen und früh Aufstehen wollte der König — der darin bekanntlich sehr viel leistete — seinen Bauern gesetzlich beibringen. Nach § 12 sollen Schulzen und Dorfsälteste den Einwohnern darin mit gutem Beispiele vorangehen,

„und alte auch junge Weibes- auch Mannspersonen sowohl zum Flachs- als Wollspinnen gehörig antreiben und nicht gestatten, daß sie ihrer Gewohnheit nach, sobald sie Abends gegessen haben, gleich Schlafengehen, und sich der Faulheit ergeben, demnächst aber genöthigt sein, ihre Leinengeräthe, auch wohl ihre Strümpfe und Handschuhe (?) von den Kaufleuten theuer zu erkaufen."

Der § 39 aber lautet:

„Ueberhaupt aber muß mit rechtem Ernst darauf gehalten werden, daß Wirth und Gesinde nicht nach ihrer bisherigen unverzeihlichen Gewohnheit bis in den hellen Tag hinein schlafen, sondern die frühe Morgenstunde als die zur Arbeit schicklichste Zeit sorgfältig benutzen lernen."

Man vergleiche nun aber auch noch § 37, um sich einen richtigen Begriff von dem sittlichen Zustande der Bauern zu machen, die in solcher Weise in Zucht genommen werden.

§ 37. „Alles dasjenige nun, was die Unterthanen in ihrer Wirthschaft an Getreide, Früchten und andern Sachen gewonnen haben, müssen sie zu rechter Zeit und wenn gute Preise sind, veräußern, und zu Gelde machen, auch sodann ihren schuldigen Zins-Contribution und andere Prästanda davon entrichten, und müssen die Schulzen nach der ihnen obliegenden Pflicht nicht nur alle Sorge tragen, daß solches von den Unterthanen zu gehöriger Zeit bewerkstelligt werde, sondern dabei auch vorzüglich auf die liederlichen Wirthe ihr Augenmerk richten, die unter andern gewohnt sind, wöchentlich öfters in die Stadt zu fahren, jedesmal von Getreide, Früchten, Federvieh und andern Sachen etwas mitzunehmen und nicht eher nach Hause kommen, bis das gelöste Geld entweder ganz, oder zum größten Theil versoffen ist, ihre Pferde aber im Regen, Schnee und Frost viele Stunden unterm freien Himmel stehen und hungern lassen; die Schulzen müssen daher genau darauf halten, daß dergleichen liederliche Wirthe niemahlen ohne hinlängliche Ursache in die Stadt fahren, und wenn sie wiederkommen, ihnen gleich das Geld abnehmen, und es im Beisein des Eigenthümers auf dessen Prästanda abtragen."

„Woferne solche Anordnungen aber dergleichen dem Trunke ganz ergebenen Wirthe nicht bessern, so müssen die Schulzen oder die Landreiter, dem Domainen- und Justizamte sofort davon Anzeige thun, da denn ein solcher liederlicher Wirth, befundenen Umständen nach, hart gestraft, auch wohl von dem Erbe geworfen und andern zum Beispiel mit Festungsstrafe belegt werden soll." ꝛc.

Von der alten dorfrichterlichen Stellung des Schulzen und der Geschworenen findet sich hier kaum noch eine Spur. Das Strafrecht derselben beschränkt sich auf die Befugniß zur Festsetzung einiger Pfandgelder. Der Dorfs-Willkühr wird nur an einer Stelle gedacht; wer ungehorsam ausbleibt, wenn der Schulze ihm vorladet, oder sich dessen, so ihm in gemeinen Dorfsangelegenheiten befohlen wird, entzieht, soll nämlich nach Befinden, zum ersten Male nach der Dorfs-Willkühr bestraft, bei wiederholtem Ungehorsam aber den Beamten zu nachdrücklicher Leibesstrafe angezeigt werden. In des Domainen-Beamten Hand liegt jetzt alle den Dorfgerichten früher zukommende Gewalt.

B. Die Nachbarschaft.

Von den Rechten der Gemeindeversammlung, von den alten Schöffenrechten der Nachbarschaft ist gar nicht mehr die Rede. Zwischen dem Erziehungssystem des alten Fritz und solchen Rechten gab es keine Vermittlung.

C. Geschlossener Dorfverband.

Die Dorfsordnung enthält in dieser Beziehung Nichts. In der Natur der Besitzverhältnisse lag es, daß darin vorläufig keine Veränderung eintrat.

Diese Dorfsordnung nun wurde in allen Königlichen Dörfern ohne Unterschied der Nationalität in deutscher und polnischer Sprache publicirt; den Einsassen sollte sie viermal im Jahr vorgehalten und selbst den Kindern vom Schullehrer erklärt werden. Exemplare davon findet man noch in vielen Dörfern.

Solchen Anordnungen gegenüber, die in kräftiger Weise auszuführen sich die Domainen-Beamten angelegen sein ließen, konnte sich die alte Selbstregierung in den Dörfern um so weniger halten, als bald nach der Occupation auch die Umgestaltung der Gerichtsverfassung durch Organisation von Königlichen Landgerichten erfolgte, die jedem auch außerhalb der Dorfgerichte Recht boten.

Wohl bemühen sich noch einzelne Ortschaften ihre selbstständige Municipal-Regierung vor dem nun immer mächtiger alles überfluthenden Strome einer centralen und absoluten Staatsgewalt zu schützen. So wird z. B. in der renovirten Ksionskener Dorfs-Willkühr von 1801, der jüngsten, die ich aufgefunden, ausdrücklich und als Zusatz zu den älteren Bestimmungen von 1675 festgesetzt, „daß wenn Jemand wider einen Andern Händel hätte oder gar klagbar werden sollte, er nicht gleich die höhere Obrigkeit damit anlaufen soll, es sei, was für eine Sache es wolle, sondern seine Klage zuerst dem Schulzenamte vorbringen, bei Strafe von 4 fl. preußisch. Das Erkenntniß der Schulzen und Gerichtsmänner sollen Partheien dann gleich befolgen und event. noch wieder 2 Gulden für den Appellationsschein im Schulzenamt bezahlen.“

Aber man erkennt an dieser Bestimmung und der Höhe der Strafe schon, daß viel dagegen gefehlt sein muß, und es ließ sich, nachdem einmal höhere Autoritäten eingeführt, denen es nach dem Geist jener Zeit wohl nicht im Entferntesten einfiel, solchen Dorfgebräuchen Achtung zu schenken, nicht mehr dem Zuge wehren, bei diesen Recht zu suchen, wenn die Dorfgerichtsbestimmung nicht behagte, wodurch denn diese Institute und mit ihnen das Hauptfundament des alten Gemeindelebens sehr bald in gänzlichen Verfall geriethen. Der Criminal-, der Civilproceß, freiwillige Gerichtsbarkeit, ja selbst das Vormundschaftswesen fiel zu Ende des vorigen Jahrhunderts den Königlichen Gerichten, die Polizeipflege den Königlichen Verwaltungsbehörden ganz anheim.

Das Reglement für die Untergerichte im Westpreußischen Regierungs- und Kammer-Departement von 1802 (Raabe VII. S. 212—236) erkennt zwar noch eine Competenz der Dorfgerichte an, sowohl in Pfändungssachen, wenn nicht Schadenersatz gefordert wird, als in Verbal- und geringen Real-Injurien, wie bei den zwischen Käthnern und losen Leuten, Knechten und Mägden entstehenden Streitigkeiten und bei Widersetzlichkeit des Gesindes, Strafen bis 12 Stunden Gefängniß oder Peitschenhieben und 45 Groschen Geld ohne Rechtsmittel und ohne Bestimmung der Form zu verhängen und die Amtsblattbekanntmachung der Königlichen Regierung zu Marienwerder vom 19. April 1812 (S. 181) bringt diese Grenzen des noch bestehenden Strafrechts der Dorfgerichte, „um dessen Ueberschreitung vorzubeugen,“ noch in späterer Zeit zur Publication, aber es ist gleichwohl Thatsache, daß mit wenigen Ausnahmen die Thätigkeit der Dorfgerichte, die früher so allgemein verbreitet, auch auf diesem beschränkten Gebiete in dem durchgreifenden Einfluß der Königlichen Behörden erloschen ist. In die enge gezogenen Linien des modernen Geschäftsganges konnte sich die naive Formlosigkeit jener nie mehr hineinfinden.

Man könnte glauben, daß in den adlichen Ortschaften, die von der Königlichen Dorfsordnung von 1780 nicht betroffen wurden, die alte autonomische Rechtsverfassung oder, wo sich diese nicht entwickelt, mindestens die gutsherrliche Gerichtsbarkeit der staatlichen gegenüber mehr conservirt hätte. Dies ist aber selbst in civilrechtlicher Beziehung nur scheinbar der Fall gewesen, indem die Patrimonialgerichte doch durch die Formen, an die ihre Ausführung gebunden, dem Wesen nach Staatsgerichte wurden. Die den Gemeinden gegenüber ausgeübte Polizeigerichtsbarkeit aber hat höchstens bis zur Ausführung der Agrargesetzgebung in Westpreußen praktische Bedeutung gehabt. Mit der Scheidung der materiellen Interessen des Gutsherrn und der Gemeinde in den wesentlichsten Beziehungen, mit der Beweglichkeit des adligen Besitzes, welcher während der Güterkrisis nach den Kriegsjahren so vielfach in neue, seinen Traditionen fremde Hände übergegangen, hörte auch die Uebung gutsherrlicher Polizeigerichtsbarkeit, wenn nicht rechtlich, so doch factisch auf. Es fehlte meistens das Interesse dafür oder die Autorität dazu, und, wo beides auch vorhanden sein mochte, die Kenntniß der vom Staate vorgeschriebenen Formen, und der Sinn, sich denselben zu bequemen.

In fünf Kreisen Westpreußens, dem sogenannten Culmer Lande, das 1807 bis 1814 zum Großh. Warschau gehörte, wurde die Patrimonialgerichtsbarkeit schon 1807 gesetzlich aufgehoben und nicht wiederhergestellt, in den andern Kreisen aber fuhren nur wenige große Gütercomplexe, die sich geschulte Actuarien hielten, bis auf die neueste Zeit fort, die Polizeigerichtsbarkeit in umfassendem Sinne auszuüben. Ebenso haben in einem freilich nur kleinen Theile der Provinz die Dorfgerichte bis auf diesen Tag noch einiges Leben bewahrt, nehmlich in den größeren Weichselniederungen, in deren Verhältnissen auch die Agrargesetzgebung wenig Veränderungen herbeiführen konnte, da die Bauern hier zum Theil von jeher freies separirtes Eigenthum besaßen. Hiezu kommt, daß diese Bauern, die meist holländischen Ursprungs sind, in ihrer Isolirung das alte Herkommen in jeder Beziehung merkwürdig conservirt haben. So werden also auch Gesindestreitigkeiten, Pfändungssachen und kleine Polizeivergehen noch vielfach vom Schulzen und den Dorfgeschwornen abgeurtheilt; so steht hier auch die Nachbarschaft noch in hervortretender Stellung da, die Dorfangelegenheiten ausschließlich verwaltend, wie sie allein die Kosten derselben trägt. Doch sind dies eben nur Ausnahmen, die sich in den Höhedörfern nur höchst vereinzelt vorfinden.

3. Die Landgemeindeverfassung von 1807 bis jetzt.

Wie die gutsherrlichen Verhältnisse überhaupt, so war auch die wesentlich aus diesen hervorgegangene Dorfsordnung Friedrichs des Großen mit den damaligen Agrarverhältnissen enge verwachsen. Ihre Aufrechterhaltung war nur möglich, so lange der Bauer kein volles Eigenthumsrecht hatte, schaarwerkspflichtig und erbunterthänig war. Mit jener ersten Erklärung der Menschenrechte in Preußen, mit dem Edict vom 9. October 1807, welches die Erbunterthänigkeit aufhebt, die ständischen Schranken des Besitzes niederreißt und schließlich die verheißungsvollen Worte enthält:

> „Von dem Martinitage 1810 giebt es nur freie Leute“ ꝛc.

mußte diese Ordnung der Dinge wanken, mit der Eigenthumsverleihung, der Verwandlung der Schaarwerke in Rente und Gemeinheitstheilung vollends zusammenfallen.

Aber nicht bloß die Dorfsordnung von 1780 trat damit außer Kraft, das ganze alte Gemeinwesen der Bauern ist damit aufgelöst worden. Was war denn, nachdem die alte selbstständige Rechtsverfassung unterlegen, noch geblieben, das die Gemeinde organisch verband? Man wohnte neben einander, leistete dem Gutsherrn oder Amtmann gemeinsame Schaarwerks- und Zinspflicht, und ging, da die Ländereien im Gemenge lagen, bei der Feldbestellung, nach demselben Plane vor. Dann erforderte auch die Gemeindeweide gemeinsame Unterhaltung des Hirten, des Hirtenhauses ꝛc. und schuf überhaupt mancherlei gemeinsame Einnahmen, Ausgaben, Interessen.

In diesem Bereiche des Gemeindelebens machte nun die Agrargesetzgebung tabula rasa. Der Gesetzgeber hatte bei ihr, wie bei der gewerblichen Reform überhaupt lediglich das Individuum im Auge. Der leitende Gedanke:

> „Es soll Niemand daran gehindert werden, das Maaß des Wohlstandes zu erreichen, wozu er nach seinen Kräften fähig ist,“

blickt überall durch. Die Forträumung der alten Schranken in der Benutzung des Eigenthums soll jedem die freieste Entwickelung materieller Kräfte möglich machen; die natürliche Triebfeder des Eigennutzes soll in volle Kraft treten.

An die korporativen Gemeindeinteressen, die überall auf der Beschränkung des Einzelnen ruhen, wird nicht weiter gedacht. So wird, um jeden nur in die Mitte seines Eigenthums zu setzen, der Ausbau aus dem Dorfe selbst durch Prämien gefördert, und das erste und nächste Band der Gemeinden, das der örtlichen Nachbarschaft, an das sich tausend andere knüpfen, von dem die Gemeindeglieder bisher sogar den Namen führten, unbekümmert gesprengt. Man stelle sich ein separirtes Dorf vor:

Auf der ganzen, in unserer dünn bevölkerten Provinz oft weit ausgedehnten, Feldmark zerstreut, erhebt sich hier und da ein Gehöft, dessen Besitzer Wochen ja Monate lang nicht in sein wohl $\frac{1}{8}$ bis $\frac{1}{4}$ Meile entferntes Urdorf kommt, zumal wenn es kein Kirchdorf und nur noch von Käthnern und Einwohnern (zur Miethe wohnenden Tagelöhnern) bewohnt ist. Was hätte er auch dort zu schaffen? Das gemeinschaftliche Vermögen, die gemeinschaftlichen Feldangelegenheiten, welche auch später noch zur wöchentlichen Berathung zusammenführten, haben ja mit der Gemeinheitstheilung aufgehört. Jeder baut sein Land für sich, man hält keinen Hirten mehr, wegen der separirten Lage auch selten nur noch einen Schmidt. Auch die früher gemeinsame Unterhaltung der Wege, die Dorfstraße etwa ausgenommen, ist vertheilt; nirgend mehr eine Spur der alten Gemeinsamkeit, der alten freundlichen Gewohnheiten, welche die Dorfbewohner aneinander knüpften. Nicht mehr wie sonst sieht man in langen Zügen in der Morgenstunde die Bauern mit ihren Pflügen zur gemeinsamen Feldbestellung ziehen, nicht mehr den Hirten die Dorfsheerde auf die Gemeindeweide treiben; auch nicht wie ehemals versammeln sich in den Herbst- und Winterabenden die Mädchen und Frauen des Dorfs wechselnd bei den Nachbarn zu gemeinsamer Spinnarbeit, die unter Gesang und Erzählungen bei dem Schnurren so vieler fleißiger Räder gar heiter von Statten ging. Und selten nur ruft noch die Nachbarn die umgehende Dorfskeule *) zur Berathung ins Schulzenamt.

So hat der kühne und gewiß nothwendige Schritt, welcher den Bauer von dem Drucke der Gutsherrlichkeit, dem bequemen Gängelbande des alten Wirthschafts-Schlendrians erlöste und auf die eignen Füße stellte, damit er ein rechter Mann werde, auch die alten örtlichen, wirthschaftlichen und sittlichen Bande seines Lebens zertrennt und die gemeinsamen korporativen Interessen fast auf ein Nichts reducirt. Es gilt höchstens noch, den Nachtwächter, der zugleich Dorfdiener ist, anzunehmen und zu bezahlen, wo nicht Reihedienst in der Gemeinde stattfindet; aber gegen diese Gemeinsamkeit sträuben sich schon die Ausgebauten, weil sie keinen Vortheil davon haben. Dann kommen noch einige unbedeutende gemeinsame Ausgaben für Gesetzsammlung, Amtsblatt, Kreisblatt, Stammrollen, hin und wieder einmal eine kleine Ausgabe für die gemeinsamen Feuerlöschgeräthschaften und ein kleiner Beitrag zum Schulzengehalt, wo nicht Freischulzen sind, oder das Schulzenamt, wie in der Regel, reihum geht. Dorfarme sind auf milde Gaben Einzelner verwiesen. Und so ist denn mit den vorgenannten Lasten der Kreis der eigentlichen Gemeindeinteressen des separirten Dorfs erschöpft; denn

*) Ein Stock, den der Schulz zum Nachbarn, dieser zum nächsten u. s. w., der letzte zum Schulzen zurücksendet.

die Schule — von der Gesetzgebung als Societätssache aller betheiligten Hausväter aufgefaßt und mit dem Gemeindeverband häufig nicht zusammenfallend — kann bei unsern Landgemeinden als Kommunal-Angelegenheit nur bedingungsweise angesehen werden, und der Kirchenverband fällt mit dem der Ortsgemeinde noch seltner zusammen.

Man muß sich, um diese auffallende, und für die Gestaltung des Gemeindelebens höchst störende Absonderung der natürlichsten Gemeindeinteressen erklärlich zu finden, eine andere Eigenthümlichkeit unserer ländlichen Verhältnisse vergegenwärtigen, nämlich die unglaubliche Zersplitterung der Ortsverbände!

Es giebt, wie der Freiherr v. Harthausen auch in seiner Schrift über die ländliche Verfassung der Provinzen der Preuß. Monarchie (I. S. 66.) hervorhebt, keine andere Provinz, die so viele Ortschaften auf gleich großem Terrain zählt, und deren Ortschaften durchschnittlich weniger bevölkert sind. Man kann seiner Durchschnittsberechnung nach in unserer Provinz 13 ländliche Ortschaften auf die Quadratmeile rechnen, während in den Regierungsbezirken der andern Provinzen (ausgenommen den Posener, welcher 12 Ortschaften auf 1 Quadratmeile zählt) nur 3 bis höchstens 9 auf derselben vorkommen.

Nach der statistischen Uebersicht, welche dem in den stenographischen Verhandlungen der ersten Kammer mitgetheilten Gemeindeordnungsentwurf beigefügt ist, befinden sich unter 3774 Landgemeinden in Westpreußen:

1719	mit	einer	Bevölkerung	unter	100	Seelen,
1812	„	„	„	„	500	„
228	„	„	„	„	1000	„
15	„	„	„	„	2500	„
= 3774.						

Sieben Achtel aller Preußischen Dörfer endlich zählten nach statistischen Nachrichten 1818 weniger als 31 Häuser. Seitdem hat sich diese Zersplitterung bei dem Drange, der überall statt findet, sich von den alten und lästig gewordenen Dorfsverbänden loszureißen, wie in Folge Colonisirungen noch sehr vermehrt. Es giebt der Gemeinden nicht wenige, die nur ein Paar Häuser zählen, wie z. B. Stobendorf in der Marienwerderer Niederung, aus 2 Häusern bestehend, eine Ortschaft, in der jährlich abwechselnd ein Besitzer Schulz, der andere Gemeinde ist.

Die Einfachheit der Verhältnisse läßt dergleichen Gemeinden zu einem wirklichen Gemeindeleben natürlich nicht gelangen. Sie sind nur dem Namen nach Korporationen, aber zur Erreichung auch der unbedeutendsten korporativen Zwecke ungeschickt, und hierin liegt der Grund, daß Kirchen- und Schulverbände so selten mit den Gemeindeverbänden zusammenfallen, wodurch freilich deren Verwaltung und Nutzen unendlich erschwert wird. Wie sehr merkt man den Mangel jeder korporativen Befähigung dieser winzigen Gemeinden aber außerdem in der Verwaltung. Giebt es irgend etwas Gemeinnütziges zu unternehmen, so fehlen der Gemeinde die Kräfte. Ist einmal eine erhebliche Ausgabe für Ortsarme, für Wegebesserung ꝛc. zu machen — gleich muß Staatshülfe nachgesucht werden, oder es kommt zu nichts. Werden doch öfters mehrere Ortschaften verbunden, um nur Gesetzsammlung und Amtsblatt gemeinsam zu halten, da dies einzelnen zu schwer fällt.

Sehen wir nun zu, wie sich unter diesen Umständen das Gemeindeleben der Gegenwart gestaltet hat.

Es ist zunächst leicht zu ermessen, wie höchst unbedeutend der Haushalt des ländlichen Gemeindewesens, der Kernpunkt jeder Kommunalverwaltung hiernach sich gestalten muß. Man darf nur einen Blick auf das Dorfrechnungswesen werfen, um ein anschauliches Bild hievon zu erhalten.

In den kleinen Dörfern, die bei weitem die Mehrzahl bilden, wird noch gar keine Rechnung geführt. Kommt einmal eine Ausgabe vor, so ruft der Schulz alle Zahlungspflichtigen sogleich zusammen oder er wartet die nächste Veranlassung zu einer Zusammenkunft, spätestens den Jahresschluß ab. Oft schießt er die ganze Jahresausgabe vor. Sein Conto hierüber und über die Vertheilung der Naturaldienste unter den Bauern führt er mit Kreide am Balken. Ein Etat, eine fixe Kommunalabgabe findet sich nirgends. In den großen Dörfern wird wohl schriftliche Rechnung geführt, aber wie einfach und unbedeutend der Haushalt auch hier ist, werden wenige Beispiele darthun.

Es werden beispielsweise in dem separirten Dorfe Rose, Kr. Dt. Krone, mit 1024 Seelen, 75 Bauern, 89 Käthnern und 95 Miethseinwohnern jährlich circa 25 Thaler an Ortskommunalabgaben erhoben. In adl. Straus in demselben Kreise, mit 600 Seelen, 28 Bauern, 7 Käthnern, 35 Einwohnern, betrug die durchschnittliche Ausgabe während der letzten 4 Jahre bis 1844 noch nicht 17 Thaler. In Riesenkirch, Kreis Rosenberg, mit 729 Seelen, 43 Bauern, 39 Käthnern, 57 Einwohnern, kam der jährliche Beitrag zu den Ortskommunallasten auf 10 sgr. pro Hufe, 5 sgr. pro Käthner, $2\frac{1}{2}$ sgr. pro Einwohner.

Alle diese Dörfer sind separirt und ohne Kommunalvermögen. Auch werden nur wenige Kommunallasten in Natur geleistet.

A. Schulz und Geschworne.

Wie groß ist die Veränderung, welche sich hier innerhalb noch nicht eines Jahrhunderts entwickelt hat! Wir fanden den Schulzen als Dorfrichter, sahen ihn dann zum gutsherrlichen Wirthschaftsaufseher werden und finden ihn nun in einer Art Subalternenstellung zu den Staatsbehörden, als letztes Rad der großen Staatsverwaltungs-Maschinerie wieder, die sich inzwischen mehr und mehr ausgebildet hat. Zwischen Volk und Behördenstaat bildet er die Vermittlung, in allen möglichen Beziehungen stützt sich die vielfach verzweigte Staats-Regierung auf ihn.

In finanzieller Hinsicht ist es der Schulze, welcher die Staatssteuer erheben, deren Veranlagung verbreiten, sie zur Kasse tragen, Zu- und Abgangslisten fertigen, Execution gegen die Restanten beantragen, deren Vollstreckung unterstützen, Niederschlagung und Remission begutachten soll.

In militairischer Beziehung ist es wiederum der Schulze, der die Stammrollen zu fertigen, die Militairpflichtigen vor die Kreis-Ersatz-Kommission, dann wieder vor die Departements-Kommission zu begleiten, Reclamations-Listen anzufertigen, oder deshalb Termine abzuhalten hat. Der Schulze muß Quartier vertheilen, für Fourage sorgen, jede militairische Ordre behändigen.

Der Königliche Richter nimmt ihn in ähnlicher Weise in Anspruch. In Vormundschafts- und Nachlaßsachen ist der Schulz sein Organ. Bei Executionen, Licitationen, Taxen, bei Leichenschau u. a. m. muß er den Schulzen als Diener, Vermittler und Assistenten brauchen.

In der mannigfachsten Beziehung beschäftigen den Schulzen nun aber endlich die Polizei- und Staatsverwaltungsbehörden, insbesondere die Rentämter und Landräthe als Unterbeamten. Man darf nur ein beliebiges Kreisblatt zur Hand nehmen, um den Umfang dieser Anforderungen, die hieraus aber nur zum Theil hervorgehen, und die mit der Vervollkommnung der Verwaltung in den höhern Stationen sich jährlich steigern, würdigen zu können. Zuvörderst sind es alle Bekanntmachungen an einzelne Klassen oder die ganze Gemeinde, alle Vorladungen, die auch hier durch den Schulzen gehen, dann Listen mannigfacher Art, die er zu fertigen hat, statistische Listen, Impflisten, Consignationen der Heidemiether für die Forstbeamten, der Viehbesitzer für die Steuerparthie u. s. w. der Vakatanzeigen in bestimmten Terminen, deren Nichteinhaltung mit Ordnungsstrafen bedroht ist. Ihm liegt ferner die Repartition, Einziehung und Abführung der Kreis-Kommunal-Lasten ob. In Polizeisachen endlich (man denke an Transporte, Landes-Visitationen, Haussuchungen, Sperrmaaßregeln bei ansteckenden Krankheiten rc.) ist der Schulze das beständige Organ, in Dismembrationssachen, in Kirchen- und Schulangelegenheiten, in Feuersocietäts-Angelegenheiten rc. rc., genug in allen Zweigen der Verwaltung, welche den Staatsbehörden allmählig anheimgefallen, sind es wieder diese Ortsbehörden, an welche sie zurückgehen, die sie zu ihren ausführenden Organen machen müssen.

Die Stellung des Schulzen als gutsherrliches Organ dagegen beschränkt sich nun in der Regel auf die Erhebung und Abführung gutsherrlicher regulirter Abgaben und Renten. Die Domainen-Rentämter, welche den Königl. Fiscus als Gutsherrn repräsentiren, sind aber ganz wie Staatsbehörden organisirt und das alte persönliche Verhältniß des Schulzen zu den Amtleuten hat damit aufgehört.

In Gemeindeangelegenheiten endlich, in denen dem Schulzen übrigens nach wie vor zwei Geschworne als Gehülfen und Vertreter zur Seite stehen, wird seine Thätigkeit gewöhnlich nur dann in Anspruch genommen, wenn einmal eine Communalausgabe zu machen ist, oder Dienste zu leisten sind, die das Interesse des Dorfs erfordert, sei es Wegereparaturen, Botengänge, Fuhren ꝛc. Der Schulze ruft dann die Gemeinden zusammen, oder geht wohl selbst zu denen, die eben an der Reihe sind. Bei der geschilderten Bedeutungslosigkeit des Communalhaushalts können aber diese Funktionen kaum in Betracht kommen gegen diejenigen, welche dem Schulzen als Staatsorgan obliegen und die in einigermaßen bevölkerten und zumal an der Landstraße gelegenen Dörfern sehr erheblich sind. Diese nun sind es, welche das Schulzenamt gegenwärtig dem Landmann als die drückendste Bürde, die Versehung desselben als die größte Gemeindelast erscheinen lassen. Die Wahrnehmung von Terminen auf dem Amt oder Gericht (wie der Bauer sich ausdrückt „die vielen Wege"), die Schreibereien, das Listen- und Tabellenwesen, der Verkehr mit Gensd'armen und Amtsdienern, in denen er quasi-Vorgesetzte erkennen, ehren, auch wohl bewirthen muß, sind dem Bauersmann höchst widerwärtig und um so lästiger, als er oft fast gar keine oder doch keine genügende Geldentschädigung für seine Auslagen und Versäumnisse hat. Nur schwer ist es, Jemanden zur Uebernahme zu bestimmen. Trotz des beanspruchten Ernennungsrechts sind Behörden und Gutsherrn daher froh, wenn die Bauern sich nur untereinander wegen des Schulzen einigen, und da diese gern mit gleichen Schultern tragen, so geschieht es, daß das Amt in der Regel von Jahr zu Jahr unter den Bauern wechselt, oder öfters wohl gar an den Mindestfordernden versteigert wird. Natürliche Folge ist, daß das Amt sich bei diesem Verfahren oft in schlechten, fast stets in ungeübten Händen befindet. Uebrigens sind es noch immer die bäuerlichen Einsassen, die das Schulzen- wie das Dorfgeschwornen-Amt versehen, weniger der Bevorrechtigung wegen, als weil Häusler und Miethseinwohner, mit Tagelöhnerarbeiten oft auswärts beschäftigt, weder die Zeit noch das nöthige Ansehen dazu im Dorfe haben. Es ist dies noch eine Reliquie der alten Stellung, welche die Gemeinschaft der bäuerlichen Einsassen, oder

B. die Nachbarschaft

im Dorfverbande einnahm, von der sich aber sonst so wenig Spuren auffinden lassen. Schon die Dorfsordnung von 1780 hatte keinen Platz mehr für dieses Institut, welches früher so bedeutsam im Gemeindeleben dastand. Die Agrargesetzgebung vollendete die Auflösung der alten Gemeinschaft der bäuerlichen Einsassen. Nicht allein, daß sie dieselben separirte und ihre gemeinsamen Interessen auf unerhebliche Gegenstände beschränkte, so übte sie noch eine tiefergreifende Wirkung, indem sie eine neue Einwohnerklasse ins Leben rief und dadurch die bäuerlichen Einsassen aus ihrer Stellung als ausschließliche Mitglieder mehr oder minder verdrängte. Käthner und Einwohner nämlich, oder Hausbesitzende und zur Miethe wohnende Tagelöhner waren vor der Agrargesetzgebung nur vereinzelt in den Dörfern ansäßig und standen, wie oben erwähnt, außer Verhältniß mit der Gemeinde als solcher, welche nur durch die Bauern repräsentirt wurde. Die Aufhebung der bäuerlichen Schaarwerksdienste, der veränderte viel intensiver gewordene Wirthschaftsbetrieb auf den größeren Gütern ꝛc. ꝛc. hat eine große Zahl von Tagelöhner-Familien ins Leben gerufen, die nicht bloß auf den Gütern als Instleute wohnen, sondern sich auch in den Bauerdörfern selbstständig niederlassen, um von hier aus die Arbeitsgelegenheit sowohl bei den Bauern, als in der Nachbarschaft auf Gütern, bei den Chausseen, in den Forsten zu benutzen, indem sie ihre Wohnung entweder miethsweise bei Bauern oder Käthnern nehmen oder ein Stückchen Land ankaufen und selbst ihr Häuschen aufrichten. Wo viel Arbeitsgelegenheit in der Umgegend und zum Ankauf kleiner Landparzellen gute Gelegenheit ist, sind diese neuen Ansiedler oft so zahlreich vorhanden, daß sie die Mehrzahl der Bevölkerung bilden; wo Abbauten stattgefunden haben und dadurch die alten bäuerlichen Gehöfte mit Gärten verkäuflich geworden sind, nehmen sie das ganze Urdorf ein.

Die Untersuchung, wie sich das Verhältniß der Käthner und Einwohner zu den Bauern gestaltet, liefert für die verschiedenen Dörfer sehr verschiedene Resultate. Nicht bloß in der Niederung, sondern auch auf der Höhe, wie man hier gegensätzlich zu sagen pflegt, giebt es Orte, in denen die Bauern die Gemeindelasten noch ausschließlich bestreiten, folgeweise auch die damit verbundenen Rechte wahrnehmen, und in denen Käthner und Miethseinwohner deshalb noch immer nur in einem bloßen Schutzverhältniß zur Gemeinde stehen. Nicht minder finden sich aber auch viele Ortschaften, in denen sie an den Gemeindelasten theilnehmen, überhaupt als Mitglieder der Gemeinde gelten. Hier nun werden sie auch in die Gemeindeversammlungen gerufen. Diese aber haben den alten Character richtender, berathender und beschließender Körperschaften inzwischen verloren, weil es für sie nichts mehr zu richten, auch selten nur zu berathen oder zu beschließen giebt, und stehen fast nur noch als Mittel da, deren sich der Ortsvorstand bedient, um Bekanntmachungen an die Gemeinde gelangen zu lassen oder etwas zu repartiren. Als Grundsatz gilt: wer zahlen soll, wird auch zur Versammlung berufen. Sind es nun die Bauern, weil es nur ihr Interesse z. B. die Bezahlung des Lohnschmidts gilt, so geht die Dorfskeule nur bei ihnen herum; sind auch die Käthner und Einwohner betheiligt, wie z. B. bei Bezahlung des Nachtwächters, so wird auch ein kleiner Knüttel an die Dorfkeule angebunden und dieses einfache Symbol bedeutet, daß auch die „kleinen Leute" mitkommen sollen. Nicht alle erscheinen dann aber selbst; wer nicht Zeit hat, schickt Frau, Kind oder Knecht, um zu hören, was es giebt, oder wenn er es schon weiß, den Beitrag zu bezahlen. Der Maaßstab der Vertheilung pflegt durch die Praxis schon bestimmt zu sein. Bauern zahlen meistens nach dem alten contribuablen Hufenstand, Käthner und Einwohner einen festen kleinen Beitrag, jene in der Regel das Doppelte von diesen; oft aber regulirt sich auch hier der Beitrag nach dem Hufenstande, indem man sie so betrachtet, als ob sie $\frac{1}{12}$, $\frac{1}{8}$, $\frac{1}{4}$, ja wo schlechtes Land ist, $\frac{1}{2}$ Hufe besäßen, je nachdem nun die Bauern mehr oder minder wohlhabend sind. Andere Orte giebt es, in denen auch Communalabgaben nach der Klassensteuer vertheilt werden, wo es sich dann fast in der Regel so stellt, daß Käthner die Hälfte, Einwohner ein Viertel der Hufenbesitzer zahlen, ja hin und wieder die Käthner gleich viel mit den Letztern. Das giebt dann freilich oft bittere Beschwerden, und die Klage „daß Alles nach dem Klassengelde ginge", ist eine unter diesem Theile der Bevölkerung weit verbreitete. Aber selten dringen solche Klagen durch. Man denke, daß der Ortsvorstand, der hiebei den meisten Einfluß ausübt, fast durchgängig aus Bauern besteht und daß in den Gemeindeversammlungen, in denen Käthner und Einwohner nicht selten die Mehrheit bilden, ihr Wort neben dem einflußreicheren der Bauern doch wenig gilt, von förmlichen Berathungen und Abstimmungen bei solchen Zusammenkünften aber übrigens nicht die Rede ist.

> „Wenn unser eins auch was sagt, er wird doch immer auf's Maul geschlagen,"

äußerte ein Käthner, als ich ihn bei seiner Klage über die Vertheilung der Communalabgaben nach der Klassensteuer auf das Theilnahmrecht der Käthner an den Versammlungen hinwies. Kommt es einmal zu ernstlichen Differenzen, so ist an eine friedliche Ausgleichung der Interessen durch reguläre Beschlußnahme nicht zu denken. Man streitet, lärmt, schimpft, schlägt auf den Tisch und geht endlich zornig aus einander, indem die Hauptschreier noch auf der Straße fortfahren, ihrem Unwillen Luft zu machen. Der Schulz thut dann allein, oder mit Zuziehung einiger angesehenen Gemeindemitglieder, was er für gut hält und sucht, wenn er nicht die Kraft hat es durchzusetzen, die Hülfe der Königlichen Behörden nach. Tüchtige und das Vertrauen der Gemeinde genießende Schulzen berufen die Versammlungen auch nur höchst selten und besorgen mit Zuziehung der Geschwornen die ganze laufende Verwaltung bis zur Rechnungslegung, indem sie lieber Vorschüsse machen, als sich und die Gemeinde mit Versammlungen plagen. So äußerte unter andern der Freischulz P. zu T. Kr. Dt. Krone, ein sehr zuverlässiger Mann, zu mir:

> „ich habe früher wohl auch die ganze Gemeinde berufen, doch dann immer am wenigsten abgemacht. Es giebt nichts als Jagd, einer sagt so, der andere so, beschließen kann man doch nichts."

Nur in liederlichen Gemeinden sind die Versammlungen noch recht an der Tagesordnung, als willkommene Gelegenheit zum Branntweintrinken und Faullenzen. Wie so oft, wenn Institute ihren wahren Zweck verlieren, wuchern doch die verbundenen Mißbräuche unkrautartig fort. Das Trinken bei den Gemeindeversammlungen im Schulzenamt ist nämlich altherkömmlich und manche der alten Dorfordnungen, wie die von Ksionsken und Komini enthalten einige Kapitel

„Vom Biertrinken im Schulzenamt.“

Aus dem Bier ist nun leider Branntwein geworden und der würdige Zweck der früher nachbarlichen Zusammenkünfte erloschen.

C. Die Geschlossenheit des Dorfverbandes,

welche wir gleichfalls als eins der Hauptfundamente des alten Gemeindelebens kennen gelernt, und die sich auch nach Emanation der Dorfordnung von 1780 so ziemlich erhalten, ist mit der durch die Agrargesetzgebung eingeführten Beweglichkeit des Grundeigenthums gleichfalls beseitigt, und an ihrer Stelle eine fast unbeschränkte Freiheit der Niederlassung getreten. Bäuerliche Grundstücke, im Gemenge liegend, waren für den fremden Käufer wenig ansprechend, bei dem Ankauf separirter bäuerlicher Ländereien dagegen genirt der ohnehin fast abgestorbene Dorfsverband wenig. Bemittelte Gutsbesitzer kaufen Grundstücke, ohne Rücksicht auf die Feldmark, zusammen. Freischulzengüter, ein Mittelding zwischen großen Besitzungen und Bauergrundstücken, wechseln besonders oft die Besitzer. Das alte nachbarliche Gemeindebewußtsein mußte damit mehr und mehr schwinden. Die Gemeinde, die früher über die Aufnahme jedes Gemeindemitgliedes in corpore nach reiflicher Prüfung entschied, sieht nun — dieses Rechts durch die Gesetzgebung beraubt, sofern der Anziehende nur arbeitsfähig ist, — Glieder und Haupt einflußlos und daher bald auch ohne Theilnahme wechseln.

Bei weitem lebhafter noch als in der Klasse der Grundstückbesitzer ist dieser Wechsel unter den zur Miethe wohnenden Tagelöhnern, die der Sprachgebrauch auch mit dem charakteristischen Worte „lose Leute“ bezeichnet.

In diesem Theile der ländlichen Bevölkerung ist nun auch der Ursprung des ländlichen Proletariats zu suchen, das sich leider auch in unserer Provinz schon hier und da stark entwickelt hat. Die Gelegenheit zum reichlichen Arbeitsverdienst auf dem Lande drängt sich bei uns auf wenige Monate zusammen. Nimmt der Arbeiter sie wahr und sind ihm seine Kartoffeln wohl gerathen, so kann er den folgenden größern Theil des Jahres auf der Bärenhaut liegen. Den Fleißigen fehlt es deshalb eben selten auch im Winter an lohnender Arbeitsgelegenheit, auch außer dem Hause, und leicht könnte sie jeder im Hause haben, wenn häusliche Nebenbeschäftigungen durch Weben u. dgl. ihm zusagten. Gerathen aber die Kartoffeln, die der Tagelöhner auf eigenem oder gemiethetem Lande bestellt, und nutzt er nun die Erndtemonate, in denen sich lohnende Arbeitsgelegenheit hier in so reichem Maaße findet, daß fleißige Hände dann in Kurzem viel Geld verdienen können, so kann er sich den übrigen Theil des Jahres dem Nichtsthun hingeben; seine Kartoffeln und das Schwein, das er sich gemästet, reichen aus, um ihn zu unterhalten. Sein Brennholz weiß er sich aus den benachbarten Forsten umsonst zu verschaffen. Nur zu viele lassen sich dadurch zum Müßiggange verlocken und rühren sich, einmal daran gewöhnt, nicht heraus, bis die äußerste Noth drängt. Mißräth nun einmal die Erndte, so ist gleich die Hungersnoth da und dann soll der Staat helfen, da die Gemeinden in ihrer jetzigen Beschaffenheit es weder können noch wollen. Kommt es aber auch nicht oft zu diesem Aeußersten, so wachsen doch die Familien solcher Elenden in einer Unwissenheit, Irreligiösität und Faulheit auf, die sich bald in Lastern und Verbrechen aller Art offenbaren muß.

So sehen wir denn also unter dem Einfluß der Preußischen Landesgesetzgebung den alten Gemeindeorganismus theils aufgelöst, theils in der Auflösung begriffen. Autonomische Rechts- und Gerichtsverfassung, wesentlich-gemeinsame Interessen bei dem Lebensgewerbe der Landwirthschaft, nachbarliches Zusammenwohnen, strenger Abschluß des Dorfverbandes nach Außen — alle diese Hauptmomente des alten Gemeindelebens sind bedeutungslos geworden. Der innere aber hierauf gegründete Zusammenhang der Gemeinde hat fast aufgehört, nur in den Pflichten, die der Staat ihr auflegt, in den Anforderungen, welche die Behörden an sie stellen, nur in dem Verhältniß nach Außen ist der Gemeindebegriff jetzt lebendig.

Die Gemeinde ist ein bloßer Staatsverwaltungsbezirk geworden.

Das ist der Gang, den die historische Entwickelung seit der Preußischen Occupation in Westpreußen genommen. Im allmähligen und friedlichen Laufe der Dinge ist es hier zu einem ähnlichen Resultate gekommen, als in den westlichen Provinzen des Staats durch den Blitzschlag plötzlicher Umwälzungen. Der wachsenden Centralthätigkeit des Staats, seinen tief einschneidenden Reformen gegenüber, haben die Landgemeindeverbände ihr selbstständiges individuelles Dasein nicht retten können.

Mag man dabei im Einzelnen noch immer viel zu

unterscheiden finden, zwischen Deutschen und Polnischen, Höhe- und Niederungs-, königlichen und adlichen, großen und kleinen Dörfern, so haben doch alle den Charakter wahren organischen Gemeindelebens verloren, alle vorwiegend den Typus von Staatsverwaltungsstationen angenommen, mit dem Unterschiede natürlich, daß je nach Größe, Lage und Art der Bevölkerung die eine Gemeinde den Druck dieser neuen Rolle weit schwerer empfindet, als die andere.

Characteristisch ist es in dieser Beziehung, daß die neuere Zeit auch keine einzige Dorfsordnung mehr entstehen sah (wenngleich die Berechtigung dazu innerhalb der gesetzlichen Grenzen den Gemeinden nie bestritten ist), wohl aber statt dessen eine Menge von Schulzen-Instructionen und Belehrungen, die von Behörden und Beamten herausgegeben werden. Alle diese Instructionen bemühen sich, dem Schulzen insbesondere seine verschiedenen Verpflichtungen gegen den Staat mit Bezug auf die bestehenden Polizei- — Steuer- — Militair- ꝛc. Gesetze deutlich zu machen, ihn zum brauchbaren mechanischen Gehülfen der Unterbehörden zu bilden. Aber diese Schriften verfehlen sämmtlich ihren Zweck. Wie der Gegenstand, so ist auch die Form locker und abstrakt und der Landmann, der, den Tag über mit seiner Hände Arbeit beschäftigt, nur das Nächstliegende zu denken gewöhnt ist, hat weder Lust noch Capicität, sich in diese dürren Reglements, diese abstrakte Sprechweise hineinzufinden. Aus diesem Grunde lies't der Schulze auch die Gesetzsammlung, die er halten muß, fast nie, das Amtsblatt höchst ausnahmsweise, nur das Kreisblatt, das sich kürzer faßt, ihm bekannte Gegenstände berührt, und unmittelbar zu ihm spricht, öfters, wenn — er lesen kann, was z. B. im Conitzer Kreise nach einem landräthlichen Bericht von 1843 unter 300 Schulzen kaum 20 konnten. Wie wenig solche Organe dem Bedürfnisse des Staats entsprechen, wie schlecht die höhern Behörden dabei bedient werden, kann man leicht denken. Kann aber wohl etwas nachtheiliger sein, als eine solche Beschaffenheit der Kanäle, durch welche Staats- und Volksleben an einander grenzen und mit einander vermittelt werden sollen? Oft bleibt den Behörden bei der Unzulänglichkeit der Ortsbehörden kein anderes Hülfsmittel zur Erledigung rein örtlicher Verwaltungsgeschäfte, als die Benutzung der Gensd'armen, Boten und Amtsdiener, noch öfter muß der Schullehrer aushelfen, der dadurch aber natürlich leicht in eine falsche Stellung geräth. Die Rentbeamten und Kreislandräthe selbst — durch die Vermehrung des Formenwesens und der controllirenden, centralisirenden Thätigkeit von oben her, immer mehr an die Kasse oder den Schreibtisch gefesselt — können sich kaum noch zur Abhaltung der nothwendigsten Localtermine aus ihrem Büreau losmachen. Oft liegt aber auch bei diesen Behörden der Schwerpunkt der Amtsgewalt viel mehr in den Händen einseitig routinirter Schreiber als der bestallten Beamten, weil Männer, die nicht aus der Beamtenschule selbst hervorgegangen, sich in unsern Geschäftsgang schwer hineinfinden können, was denn freilich wiederum die übelste Rückwirkung auf den Verkehr mit den Ortsvorständen zu äußern pflegt. Wenn aber der Beamte seiner Stellung auch vollständig gewachsen ist, findet seine Wirksamkeit in Bezug auf die örtliche Verwaltung doch fast unübersteigliche Hindernisse darin, daß er es bei der Zersplitterung der Ortsverbände und der räumlichen Ausdehnung der Amtsbezirke mit vielen hundert Ortsbehörden zu thun hat, mit denen er sich schon wegen ihrer Unfähigkeit zum Schriftwechsel nur dadurch in einigermaßen lebendigen Rapport setzen kann, daß er sie oft zur größten Belästigung in sein Büreau zu regelmäßigen Versammlungen, den sogenannten Schulzentagen einladet.

II. Gegenwärtiger Kulturstand der Landbewohner.

Es ist bisher die historische Entwickelung der Gemeinden, ihre spätere innere Auflösung und ihr jetziges Verhältniß zum Staat betrachtet. Um den Boden vollständig zu erkennen, auf dem die neue Gemeindeordnung fußen soll, um die Kräfte richtig zu würdigen, auf welche der Gesetzgeber zählen darf, bleibt noch die Aufgabe übrig, den zeitigen Kulturstand unserer Landbewohner in seinen Hauptzügen zu überblicken.

Daß die Kulturstufe derselben noch eine niedrige ist, wird aus so manchen Andeutungen im Verlaufe dieser Darstellung schon hervorgetreten sein. Und doch ist zu fürchten, daß der Leser, der nicht selbst gesehen, sich noch immer ein zu günstiges Bild davon machen wird. Wenn man aber bedenkt, in wie inniger Verbindung und Wechselwirkung Kultur- und Gemeindeleben miteinander stehen, wenn man durchdrungen ist von der Ueberzeugung:

„daß wirthschaftliche, geistige und sittliche Bildung, Gemeingeist und Vaterlandsliebe im Gemeindeleben ihre Grundlage finden,“

wie will man sich wundern, daß bei dem gänzlichen Mangel einer dem Bedürfniß entsprechenden Gemeindeorganisation hier alles noch so im Argen liegt. Erwäge man dann noch die Ungunst der übrigen Verhältnisse einer Provinz von gemischter Bevölkerung, deren natürlicher Verkehr mit dem Hinterlande durch unüberwindliche Zollschranken gehemmt ist, welcher eine genügende Verbindung mit dem Staatskörper durch Eisenbahnen und selbst die nöthige innere Verbindung durch gute Chausseen noch fehlt: und man wird es erklärlich finden, daß die Kultur unserer Landbewohner, soweit sie fremden Einflüssen unzugänglich blieb, um ein Jahrhundert zurücksteht. Nur auf den Stand der größeren Gutsbesitzer, der bei der bisherigen Erörterung des Gemeindelebens nicht in Betracht kam, weil die größeren Güter von dem Gemeindeverbande in der Regel eximirt sind, darf man im Ganzen mit freudiger Genugthuung blicken. Hier sind seit Emanation der Agrargesetzgebung Wunder geschehen. Vor derselben war die Bewirthschaftung der adligen Güter durchschnittlich eben so schlecht, als die der bäuerlichen. Aber die gebieterische Nothwendigkeit, welche die Aufhebung der Natural-Schaarwerksdienste und dann später die schlechten Preisconjuncturen den Besitzern auferlegte, alle Kräfte zusammen zu nehmen, wenn sie Haus und Hof erhalten wollten und die großen Besitzveränderungen, zu welchen die Güterkrisis der zwanziger Jahre führte, hat der Bewirthschaftung der größeren Güter seit jener Zeit einen unglaublichen Aufschwung gegeben. Freilich haben viele der alten Geschlechter darüber den ererbten Besitz verloren, aber so wenig man denen sein Beileid versagen mag, die trotz redlicher Anstrengung dem

Druck der Zeit weichen mußten, so darf man sich doch nicht verhehlen, daß die Provinz unendlich dadurch gewonnen hat. Die vielfache Gelegenheit, die sich dadurch zu wohlfeilem Güterankauf darbot, hat uns aus den Theilen Deutschlands, in denen die Landwirthschaft am meisten vorgeschritten, der Boden eben deshalb am theuersten geworden ist, eine Menge intelligenter Landwirthe zugeführt, und den alten historischen Colonialcharacter der Provinz in eigenthümlicher Weise erneuert.

Frische, durchgebildete und was bei uns eine Seltenheit ist, durch Kapital wohlunterstützte Kräfte sind dadurch der Provinz geschenkt und haben den schlummernden Boden zu reichem Leben zu wecken gewußt. Viel höher noch als das unmittelbare Resultat ihrer Thätigkeit, ist jedoch der Gewinn ihres Beispiels zu schätzen. Nächst manchen anerkannt höchst tüchtigen Landwirthen, die auf heimischem Boden der Provinz erwachsen, verdanken wir es diesen Männern hauptsächlich, daß rationale Wirthschaft mit Fruchtwechsel, Stallfütterung, landwirthschaftlichen Nebengewerben, veredelten Schäfereien auf den größeren Gütern immer mehr zur Regel wird. Aber dieses Beispiel, das auf gleichartige Besitzungen so großartig einwirkte, blieb leider großentheils unfruchtbar für die bäuerlichen Wirthe, welche durch keinerlei Band dem Gutsbesitzer genähert, ohne Kredit, ohne Gelegenheit zur landwirthschaftlichen Bildung, sich Separationen und Eigenthumsverleihung wenig zu Nutze machen konnten. Eine gute Bewirthschaftung ist hier nur Ausnahme. Der bei weitem größte Theil des enormen Areals, das sich in den Händen der Bauern befindet, die oft 6 bis 10 Hufen Magd. besitzen, liegt noch in der traurigsten Verwahrlosung da, was zuweilen in schlagenden statistischen Resultaten ans Licht tritt. Ein Beispiel genüge:

In dem Nothjahr 1846 fand eine genaue Untersuchung der Ernteresultate im Straßburger Kreise statt. Das Resultat war, daß bei den Bauern die Ernte überall so an Qualität, wie an Quantität um $\frac{1}{6}$ bis $\frac{1}{3}$ schlechter war, als auf den adlichen Gütern, daß bei jenen manche Fruchtarten gänzlichen Ausfall zeigten, die hier noch mäßigen Ertrag gewährten.

Und doch wird der Aufschwung der großen Güter dort wie überall in der Provinz, selbst da, wo Intelligenz und Kapital reichlich vorhanden, noch sehr gehemmt durch die Rohheit der dienenden Klasse und eben jener Instleute, welche noch nicht einmal zur Accordarbeit zu vermögen sind und lieber in Faulheit darben, als durch Anstrengung zu Wohlstand gelangen. Der niedrige Bildungsstand der Handarbeiter und des Gesindes ist die Hauptklage aller Besitzer, die aus andern Gegenden hierher ziehen. Zwischen ihrer Bildung und der der Bauern ist aber in jeder Hinsicht nur ein geringer Unterschied zu finden.

Betrachtet man zunächst den Betrieb der bäuerlichen Landwirthschaft, so nimmt man mit Bedauern wahr, daß dieselben groben Fehler, gegen welche die Dorfsordnung von 1780 ankämpfte, noch in ihrer ganzen Fülle bestehen: die schmalen Rücken der Beete, das schlechte oberflächliche Ackern, das elende Düngen, Strohverkauf, miserable Viehzucht und Ernährung, versumpfte Wiesen, erbärmliche Häuser und Ställe, übrigens natürlich die alte Dreifelderwirthschaft, und in den seltensten Fällen Kleebau, so nöthig diesen auch die Aufhebung der Gemeindeweide in der Regel gemacht hat, zum Schluß noch Fuhrwerksbetrieb als Nebengewerbe, das moralische Verderben der Bauern und das physische seiner Pferde, übrigens ein wahrlich altherkömmliches Uebel, da es schon der Hochmeister Siegfried von Feuchtwangen, in seiner Landesordnung von 1307, den Bauern verboten hat. Solche Erscheinungen findet man leider selbst da allgemein verbreitet, wo die Regulirung und Separation bereits seit Jahrzehnten erfolgt ist.

> „Der Uebergang zu wahrhaft gedeihlichen und fruchtbringenden Wirthschafts- und Lebensverhältnissen ist — wie v. Peguilhen in seiner Schrift „die Landgemeinde in Preußen" nachweist — durch die Agrargesetzgebung allein noch nicht erzielt worden. Sie hat bisher nur einen auflösenden Character gehabt, die freieren wirthschaftlichen Familien- und Verwaltungsverhältnisse kaum in den Anfangsstadien bewerkstelligt."

Die Gründe sind von dem tiefsinnigen Autor in jener höchst lesenswerthen Schrift näher entwickelt. Gewiß ist es, daß es noch einer fortdauernden und viel anregenderen Einwirkung auf die träge Natur unserer Bauern bedarf, wenn sie nicht noch Jahrhunderte lang in eben dem „Schlenter" gehen sollen, welcher Friedrich den Großen so sehr verdroß.

Daher nun aber auch — die Niederungen und einzelne Höhedörfer ausgenommen — diese Unsolidität der bäuerlichen Klasse, diese Seltenheit wirklichen Wohlstandes, die sich im ersten Fehljahr schon durch Hülfegeschrei und Staatsanbettelei offenbart. Der Bauer lebt im Durchschnitt nur von der Hand in den Mund, und seine Wirthschaftsweise ist nicht geeignet, einen Ueberschuß zu erzeugen. In vielen Orten sinkt er fast zum Tagelöhner herab, ja dieser ist, wo es an guter Arbeitsgelegenheit nicht fehlt, nicht selten wohlhabender. Jedenfalls stehen sie sich noch ganz nahe:

„Während in Deutschland — schreibt daher auch von Harthausen (a. a. O. S. 106.) — es der Bauer für einen großen Makel hält, sein Gut aufzugeben und Tagelöhner zu werden, ein freiwilliger Verkauf für eine Art Schande gilt, sind in Preußen Tausende von Bauern ohne Schwierigkeit ausgekauft worden. Der Uebergang zum Instmannsstande wird weder für mindestens herabwürdigend noch für unvortheilhaft erachtet, wie dies in Deutschland in den Getreidelanden, wo die großen Bauerwirthschaften vorherrschen, überall der Fall ist.“

Man kann diesen Uebergang auch heute noch täglich beobachten. Selbst während des bäuerlichen Besitzes geht ja der Bauer, wenn er eben nicht dringende Arbeiten bei seinem Grundstück und sonst Noth hat, auf Tagelohn arbeiten, Steine klopfen ꝛc. Noch näher steht dem Bauer in der Regel der Käthner, der in seinem Grundbesitz noch ein kleines Kapital neben der Handarbeit hat, das ihn bei dem Erwerb durch diese unterstützt. Dem Bauer dagegen wird bei dem fehlenden baaren Kapital und dem Mangel an Intelligenz sein Landbesitz häufig zu einer Last, mit der er nicht fertig werden kann, und es ist daher erklärlich, daß in manchen Gegenden, z. B. im Lautenburger Amtsbezirk,

Straßburger Kreises, die Dreihüfner durchschnittlich alle schlechter im Stande sind, als die Einhüfner.

Auf so kläglichem Standpunkte steht die bäuerliche Landwirthschaft. Intelligenz und Capital fehlen und damit die nothwendigen Mittel, um die herrlichen Schätze zu heben, welche die Agrargesetzgebung dem Bauer mit einem freien separirten Eigenthum in der That gereicht hat. In dieser materiellen Lage des Bauers spiegelt sich bereits sein moralischer Kulturzustand.

Ich war ganz entrüstet, bei Beginn der örtlichen Bereisung im Flatower Kreise, der bei überwiegend polnischer Bevölkerung freilich besonders tief steht, in einem Gespräche über den Zustand der Bauern der Gegend, die Aeußerung eines Gutsbesitzers zu vernehmen: „Jeder Bauer stiehlt!" Später, nach der vielseitigsten Rücksprache mit erfahrenen Personen jedoch, gelangte ich zu der Ueberzeugung, daß jene Aeußerung, wenn auch sehr übertrieben, doch in einem viel weitern Umfange wahr sei, als man zur Ehre dieses Theils unserer Bevölkerung annehmen möchte, daß insonders Holz- und Felddiebstähle in einem enormen Maaße von der bäuerlichen Einwohnerklasse verübt würden. Ein gewiß doch sehr rohes Vergehen ist der Baumfrevel, der aber in vielen Gegenden des Departements so an der Tagesordnung ist, daß die unsäglichste Ausdauer und Aufmerksamkeit dazu nöthig ist um eine Straßenbepflanzung zu Stande zu bringen und zu unterhalten.

Ein Rittergutsbesitzer des Straßburger Kreises, der in dieser Beziehung viel thut, jeden Pflänzling durch starke Stämme stützt, und schon stark versetzt, versicherte mich, daß er aus obigem Grunde doch im günstigsten Falle nur auf das Fortgehen des vierten Stammes rechnen könne, also jede Allee mindestens 4 mal pflanzen müsse, und derselbe grenzt doch von einer Seite an lauter deutsche Dörfer. Aber solche muthwillige Zerstörung ist das Hauptvergnügen der angetrunken vom Markt zurückkehrenden Landleute.

Dies Vergehen nun kennen die alten Dorfgesetze nicht, da man die Straßen früher nicht bepflanzte. Wenn aber die alten Willkühren nur die poena dupli und des Ersatzes auf Diebstahl (selbst bei Gelegenheit von Brandunglück verübt) setzen, so geben sie schon einen Beweis davon, wie leicht man von Alters her derartige Verbrechen hier nahm.

Bei der neueren Polizei- und Gerichtsverfassung, welche den Sinn der Bauern für Mitwirkung für das öffentliche Interesse nicht mehr wie die frühere anregt, und selbst dem Ortsvorstande jede Selbstständigkeit und damit den Trieb zur Selbstthätigkeit nahm, hat dieser Zustand sich nicht verbessern können. Die kleineren Vergehen bleiben nun aus Mangel an Aufsicht und rechtlicher Verfolgung in der Regel ungestraft, was der Achtung vor Gesetz und Obrigkeit nicht wenig Eintrag thut.

Von der Kirche und Schule sollte man sich wohl eine sichtbarere Wirkung auf die moralische und intellectuelle Kultur der Landbewohner versprechen. Aber man wird von den Geistlichen selbst vernehmen, wie verbreitet noch der roheste Aberglaube von Beheren und Besprechung, die größte Zähigkeit in der Festhaltung von Vorurtheilen und allem Herkömmlichen, auch wenn es fehlerhaft ist, überhaupt die tiefste Unwissenheit unter den Landleuten ist und wie vergeblich sie dagegen lehren. So manche von diesen zur sittlichen Erziehung des Volkes vorzugsweise berufenen Männern, fallen — abgetrennt von dem Einfluß eines fortbildenden Verkehrs und Gemeindelebens — leider auch selbst nur zu schnell der geistigen Verdumpfung und einer materiellen Lebensrichtung anheim, in der sie sich begnügen, ihr hohes Amt handwerksmäßig fortzutreiben und die Gebühren dafür nur pünktlich einzuziehen. Auch diejenigen würdigen Geistlichen aber, welche sich vor „Verbauerung", wie man bezeichnend zu sagen pflegt, zu schützen wissen und von redlichem Streben fort und fort beseelt sind, finden selten Ursache, mit ihren Erfolgen zufrieden zu sein. Ihre oft vernommene Klage ist, daß sie durch eine gründliche Vorbildung in den Schulen noch zu wenig unterstützt würden. Daß die Landschulen aber nicht mehr leisten, liegt theils an der Armuth und Unlust der Eltern, welche ihre Kinder von der Schule zurückhalten, theils an der mangelhaften Vorbildung, Charakterreife und Menschenkenntniß junger Lehrer, die die Sache nicht am rechten Ende anzufassen wissen, theils endlich auch daran, daß die Lehrer von ungebildeten Schul- und Ortsvorständen in ihrer dornenvollen Bahn schlecht unterstützt werden und nicht selten bei der schlechten Dotation ihrer Stellen in eine ihrer Wirksamkeit schädliche Abhängigkeit gerathen. Allgemein wird dem Unterricht in den Landschulen jetzt der Vorwurf gemacht, daß er unpraktisch sei und daß mit der Fertigkeit, zu schreiben und zu lesen, die wohl viele der Schüler erlangen, nicht zugleich der Sinn geweckt wird, von dieser Fertigkeit auch für das Leben eine nützliche Anwendung zn machen. Wenn indeß das Leben des Bauers keinerlei Anregung zur Benutzung und Fortbildung der gewonnenen Kenntniß bietet, darf man den Schulen daraus einen Vorwurf machen, oder ist es die mangelhafte Gemeindeorganisation, die man hier anzuklagen hat?

Jetzt legt der Bauer auf die Schreibkunde insonders wenig Werth. Schon nach wenig Jahren vergißt er, was er gelernt und kann dann nur noch mit Mühe und langem Nachdenken über einzelne verlorne Buchstaben seinen Namen unter eine Verhandlung kritzeln. „Bei uns Bauern steht das Schreiben nicht lang," erwiderte mir lachend ein junger noch nicht 30jähriger Bauer, der doch zur Dorfschule gehörig angehalten war, als ich mich etwas verwundert über seine Schreibunkunde äußerte. Alte Bauern habe ich oft verächtlich von dieser flüchtigen Errungenschaft ihrer Jugend und von den Schulen überhaupt sprechen hören. Das Erlernte scheint ihnen nichts nütze. Eine Wirthschafts-Rechnung wird nicht geführt, und sonst knüpft sich daran für sie höchstens noch die wenig erfreuliche Aussicht, zu Schulzen gemacht zu werden. Handgreiflicher materieller Vortheil ist auf ihrer Bildungsstufe für jetzt aber das alleinige Motiv, das sie in allen Lebensverhältnissen leitet. Allgemein üblich ist es z. B., daß der junge Bauersohn sich wo möglich durch Verbindung mit einer alten Wittwe in einen Hof hinein heirathet, und sich in spätern Jahren, wenn diese gestorben, wieder durch ein unverhältnißmäßig junges Weib zu entschädigen sucht. Aus natürlicher Trägheit liebt es dann der Bauer, sich kaum 50jährig von seinem Sohn auf Altentheil setzen zu lassen, wodurch er, noch in vollen Kräften, zur drückendsten Last der Seinen wird, was natürlich kein gutes Familienverhältniß giebt.

Dieses Altentheil-Unwesen und die ungleichen Ehen sind überall verbreitet, Lieblosigkeit und Kälte in Familienverhältnissen daher auch leider an der Tagesordnung. Eben dieser rohe Eigennutz, der nur den allernächsten eigenen Vortheil im Auge hat, ist es dann wieder, der den Bauer verhindert, durch Obstbaumzucht, durch Waldschonung, Grabenräumung, kurz irgend eine Kultur-Anlage für die folgende Generation oder eigene spätere Jahre zu sorgen. „Das käme ihm nicht mehr zu Gute;“ „da würde ihm der Kopf nicht mehr weh thun;“ „für ihn würd's schon reichen;“ — das sind die Antworten, welche der Bauer bei Anregung zu solchen Unternehmungen hat. Gelingt es dem Bauer, etwas Geld, manchmal mehrere Hundert Thaler zu ersparen, so wird er es doch nie im Gute anlegen; selbst auf Zinsen zu leihen, verhindert ihn sein Mißtrauen, und vielleicht auch der Zustand unseres Kreditwesens. Leicht aber läßt er sich das Geld stehlen oder durch Gauner abschwindeln. Vollends nun macht sich dieser starre und blinde Egoismus geltend, wenn auch gegen vollste Entschädigung die Einräumung irgend eines Rechts für den Nachbarn oder im öffentlichen Interesse zu Kulturanlagen, Vorfluthsbeschaffung 2c. 2c. gefordert wird. Keine Macht der Vernunft vermag sein Mißtrauen zu brechen, daß er übervortheilt werden soll.

Wie der Bauer bei dieser Sinnesweise die öffentlichen Angelegenheiten auffaßt, läßt sich leicht folgern. Man darf ihn sich zunächst nicht lüstern nach irgend welchen politischen Rechten, sei es im Gemeinde-, sei es im Staatsleben, denken. Das Hauptbestreben, der einzige Wunsch eines jeden ist, daß er möglichst — man verzeihe diesen Ausdruck — ungeschoren bleibe, so vom Schulzen bis zum kleinsten Einwohner herunter. Wollte man nur kein Geld, keine Kirchen- und Schulreparaturen von ihm fordern, so wäre der vollkommenste Staatszustand für ihn bereits da. Die Aufhebung der Patrimonialgerichtsbarkeit wird der Bauer sicherlich meistentheils gleichgültig hingenommen haben, aber wollte man ihm von der receßmäßigen Verpflichtung, gutsherrliche Wege zu bessern, Rente und Grundzins zu zahlen, umsonst verhelfen, so würde er das als den größten politischen Fortschritt betrachten. Die einzige „Gerechtigkeit," welche Käthner und Miethseinwohner begehren, ist die, daß sie doch irgendwo ihre Kuh gegen Weidegeld unterbringen können, wozu sie die Gelegenheit nach Aufhebung der Gemeindeweiden so schmerzlich vermissen, oder daß sie selbst Land dazu erhalten. So faßten sie auch von der Märzrevolution nur das, man weiß nicht wie, entstandene Gerücht auf, daß jeder von ihnen einige Morgen Land erhalten sollte. Es war dies eben der einzige politische Wunsch, den sie hegten und hegen, und wegen dessen sie allenfalls wohl selbst einmal Revolution machen möchten. Von einer constitutionellen Staatsverfassung würde man den meisten unserer Landbewohner dieser Klasse wohl schwerlich eine richtige Vorstellung beibringen, noch weniger aber sie dafür gewinnen können, die darin liegende Beschränkung der Königlichen Rechte zu billigen. Ist es das instinktmäßige Gefühl, daß seiner Bildungsstufe der Absolutismus völlig zieme, ist es die Erinnerung an die durch Aufhebung Polnischer Willkührherrschaft und Agrargesetzgebung von den Preußischen Herrschern empfangenen Wohlthaten, ist es die andere Seite seiner Neigung, nach unten hin auch unbeschränkt zu sein: genug, an dem unbeschränkten Regiment seines Königs hängt der Bauer unerschütterlich. Nächst der

Religion ist das sein einziger Idealismus. Der König ist ihm der oberste Richter, der unfehlbare Quell der Gerechtigkeit. „Ich gehe bis an den König,“ dies Wort ist in allen Fällen, wenn ihm die Behörden Unrecht geben, seine Loosung. Kommt auch von dort ein abschläglicher Bescheid, so „muß der König falsch berichtet sein;“ könnte er nur selbst mit ihm sprechen, meint er, so würde der König ihm schon Recht geben — und oft genug werden Reisen nach Berlin zu solchem Zwecke mit großen Opfern zu Fuß unternommen. Von den Staatsbehörden, namentlich den Gerichten, hält der Bauer nicht viel. Das gelehrte Recht, welches ihm in Erkenntnissen gesprochen wird, steht seinem Begriffsvermögen zu fern. Er sagt nie, daß er einen Proceß verloren habe, nein, er hat ihn „verspielt;“ nur der Zufall, nicht die Gerechtigkeit scheint ihm dabei zu regieren. Hiezu kommt noch, um ihm die Justiz zu verleiden, für Viele die Entlegenheit der Gerichte, die Dauer der Processe und die langen Kostenrechnungen, die oft mit dem Gegenstande außer Verhältniß stehen. Erst ein wohlfeiles, leicht erreichbares, wahres volksthümliches Rechtsverfahren, auch in Civilsachen, kann die Justiz populär machen.

Daß Polizei- und Verwaltungsbehörde, die er meistens nur verwehrend und fordernd, nicht erleichternd und fördernd kennen zu lernen pflegt, nicht populärer sind, kann man denken.

Von der Volksvertretung hofft der Bauer gar nichts, er wählt nur, weil es ihm befohlen wird. Die Provinzial- und Kreisstände mochte er aber ebenso wenig leiden, weil er ihre Erfolge nur bei der Repartition der Landtagskosten und der Kreiscommunalbeiträge, und da auf eine ihm höchst unangenehme Weise wahrnahm. „Wer nur das erfunden hatte!“ habe ich ihn unwillig klagen hören.

Doch es läßt sich hier nicht erschöpfen, was auf diesem Gebiete noch zur Charakterisirung des Bauernstandes unserer Provinz gesagt werden könnte. In vielen dem flüchtigen Beobachter aufstoßenden Zügen ist der einfache, schlichte, gesunde Sinn, der Fleiß und die Gottesfurcht, Eigenschaften, die man traditionell am Landmanne lobt, noch erfreulich bemerkbar und seine eben geschilderte politische Anschauung wurzelt zum Theil wenigstens auf diesem guten Boden. Aber weit augenfälliger treten leider alle Seiten einer tiefen Beschränktheit, eines zähen Egoismus hervor, Eigenschaften, die nicht selten zur größten Rohheit und moralischer Versunkenheit ausgeartet sind. Jeder Kreis kann Dorfschaften nachweisen, in denen alle Einwohner, Männer, Weiber, Kinder, Greise, dem Trunk ergeben oder als Diebe berüchtigt sind. Besonders oft gilt dies von den sogenannten Coloniedörfern, deren Subsistenz auf die erbzinsweise Austhuung kleiner Landparzellen von Anbeginn ungenügend begründet ist. Der speculirende Eigenthümer mag oft dabei einen Geldgewinn machen, die Staatsgesellschaft sieht sich dadurch leider in der Regel eine neue unversiegliche Quelle einer Proletariatsbevölkerung eröffnet.

Wenn so mancher meiner optimistischen Landsleute in dieser Darstellung des Kulturstandes unserer bäuerlichen Einwohnerklasse eine Uebertreibung ins Schwarze sehen möchte, so weise ich schließlich auf eine statistisch feststehende Erscheinung hin, die eine traurige Bekräftigung des hier Gesagten ist. Ich meine die physische Degeneration dieser Klassen unserer ländlichen Bevölkerung, welche sich bei der

Militairaushebung so grell offenbart. Wer einm Ersatzgeschäfte in unserer Provinz beiwohnt, wird schmerzlich überrascht von der Mißgestaltung und Schwächlichkeit der Altersstufen, welche die Blüthe körperlicher Entwickelung zeigen sollten, von dem gänzlichen Mangel jener Haltung, die ein kräftiger Leib und eine gesunde Seele dr Jugend verleihen. Die große Mehrzahl hat nicht das Maaß, und von den Hochgewachsenen sind die meisten schlafe Gestalten ohne Saft und Kraft. Von hundert Kantoiisten werden durchschnittlich acht brauchbar gefunden. *) Aber wie könnte es anders sein? Die geistige Verdumpfung, in der der Bauerknabe aufwächst, die schlechte Ernährungsweise, der frühe Branntweingenuß, alles dies muß atf die körperliche Entwickelung den nachtheiligsten Einfluß üben. —

Das Ziel aller Staatseinrichtungen ist dr Mensch. Entwickelt er sich zu immer höherer Kultur, wächst er an Wohlstand, Rechtlichkeit, Einsicht, Patriotismus, so wird den Staatseinrichtungen, welches auch immer ihre Formen sein mögen, Niemand das Lob der Zeit- und Zweckmäßigkeit versagen können. Sieht man aber die Glieder des Staats nicht nur vereinzelt, sondern selbst zu ganzen Ständen an Geist und Körper verkümmern, so darf man mit Recht auf tiefe Mängel der organischen Einrichtungen schließen, aus deren Schooß das Individuum emporwächst. Der erste Schritt zur gründlichen Heilung ist dann die Erforschung

*) Diese Angabe beruht auf der Mittheilung eines Militair-Arztes und zum Theil auf eigner amtlicher Wahrnehmung.

und Bloßlegung dieser Mängel in ihrer ganzen Verbreitung und bis zur Wurzel. Der Versuch hiezu ist hier gemacht. Von der Zeit der ursprünglichen Fülle, Jugendkraft und Eigenthümlichkeit ihres Wesens bis zu ihrer jetzigen Desorganisation haben wir die Entwickelung der Gemeinde begleitet. Alle Grundlagen ihres Seins, so die Rechtsverfassung, wie den engern Zusammenhang des wirthschaftlichen und Privatlebens ihrer Glieder und das alte Verhältniß zum Gutsherrn sahen wir unter dem Einfluß der centralen Staatsthätigkeit allmählig schwinden und ein neues jedoch ganz ungenügendes Verhältniß zum Staat an deren Stelle treten. Wir sahen die alten Kulturhindernisse durch die Agrargesetzgebung zerstört, die neuen Kulturmittel aber nicht geschaffen und die noch vorhandenen ohne rechten Einfluß, ohne das zweckmäßige Ineinandergreifen, das freie harmonische Zusammenwirken der Kräfte für ein Ganzes, welches die wahre Eigenheit eines gesunden und lebensvollen Organismus macht. Diesen wiederherzustellen, aber nicht in den alten beschränkten Formen, deren Ueberlebtheit schon in den Zuständen des Landes zur Zeit der Preußischen Occupation traurig genug offenbar wurde, sondern in höheren, dem reiner erkannten Ziel des Ganzen, der erweiterten Freiheit des Einzelnen angemessenern Verhältnissen: ist die große Aufgabe der Zeit.

Es gilt nun, sich zunächst über die leitenden Principien des Reform-Planes zu verständigen.

B. Allgemeiner Theil.

I. Leitende Principien der Gemeindeorganisation.

In dem Organismus des deutschen Volks hat die Gemeinde von jeher eine hohe Bedeutung gehabt. Ursprünglich ging dasselbe fast ganz in unabhängigen Landgemeinden auf, die nur durch ein loses Band der Stammverwandtschaft gruppenweise zusammengehalten wurden.

Zu Karls des Großen Zeit, als zum ersten Mal eine einheitliche Staatsform alle deutschen Stämme umfaßte, ist der Grundcharacter derselben noch: Das Königthum im Verbande mit freien Land-Gemeinden.

Ihrem Dasein feindlich, entwickelt sich darauf das Lehnswesen und nur hie und da vermögen sie sich seinem wachsenden, den alten Grundlagen der Landgemeinden — dem echten Eigenthum unter Gesammtbürgschaft und der unabhängigen Gerichtsverfassung — feindlichen Einfluß gegenüber frei und kräftig zu erhalten. Aber schon erheben sich in fast ununterbrochenem Bunde mit dem, durch das Lehnswesen oft nicht minder bedrängten Kaiserthum die Stadtgemeinden zu einer wunderbaren Blüthe, und sie sind es, in denen politischer Freiheitssinn, Gewerbefleiß, Kunst, Wissenschaft und endlich der stets verjüngende Quell deutschen Lebens, das Christenthum in der reineren Auffassung des Protestantismus seinen vorzüglichsten Schutz und Schirm findet. Auch diese Blüthe sinkt, der erstarrende Nordhauch des Absolutismus trifft sie wie alle mittelalterlichen Schöpfungen. Aber kaum fängt sich unter dem gewaltigen Druck des Absolutesten der Absoluten, Napoleon's, in unsern Preußischen Landen die deutsche Volkskraft wieder zu regen an, so beginnt mit der Städteordnung auch für das Gemeindeleben eine neue Aera. Doch war es den großen Reformatoren unserer politischen Auferstehungszeit nicht vergönnt, ihre Aufgabe vollständig zu lösen. Zum Erlaß einer Landgemeindeordnung, zur allgemeinen Repräsentation des Volkes kam es noch nicht und hierin lag ein Hauptgrund, daß auch die Städteordnung kein rechtes Leben bekam. Vereinzelt, ohne feste Wurzeln in dem sonst absoluten Staatssystem dastehend, konnte sie des büreaukratischen Einflusses nicht mächtig werden.

Ueberdies aber krankt die Städteordnung bei allen sonstigen Vorzügen an einem tiefen inneren Mangel, einem wahren organischen Herzfehler. Während es nähmlich der Gewerbebetrieb ist, der den Städten die Entstehung gegeben hat und allein ihre Fortexistenz sichert, während jede Stadt ihrem Wesen nach „ein durch das Gewerbesystem verbundenes Ganze" sein soll und ihre äußere Ordnung doch vor Allem dahin gerichtet sein müßte, dieses innere Wesen sicher zu stellen und mit allen geeigneten äußern Formen und Mitteln zu fördern, ist in jener politischen Reformations-Epoche Preußens die Ordnung des Gewerbewesens, der eigentliche Inhalt und Lebensquell des städtischen Daseins, von dessen politischer Ordnung beinahe gänzlich abgetrennt und dem chaotischen Streben der Einzelnen überlassen worden. Zwar ist die Befugniß, städtische Gewerbe zu betreiben, noch an den Erwerb des Bürgerrechts gebunden, aber die Gewerbeordnung hörte, ihrer Natur zuwider auf, städtische Communalangelegenheit, und zwar die erste und wichtigste Communalangelegenheit, zu sein. Hauptsächlich nur durch die seit der Gewerbefreiheit fast ganz überlebte Form der Gewerksassessorate, die Befugniß zu einzelnen Concessionsertheilungen, die Betheiligung bei der Einschätzung und Erhebung der Gewerbesteuer, steht der Magistrat noch in loser Verbindung mit den Gewerben, wirkt aber doch nicht mehr wesentlich fördernd und ordnend darauf ein und ist ihnen, dem Bildungsgange seiner Mitglieder nach, oft gänzlich fremd. — Auch die richterliche Thätigkeit, die Polizeipflege und das Erziehungswesen blieben unter der unmittelbaren oder doch ganz überwiegenden Leitung der Staatsregierung und des wahrhaft bildenden Zusammenhanges mit dem Gemeindeleben mehr oder minder beraubt.

So ist es hauptsächlich nur die Vermögensverwaltung, Selbstbesteuerung und Wahl der Organe dazu, für welche nach Emanation der Städteordnung die freie Thätigkeit eines Theils der Bewohner, — der Bürger — in Anspruch genommen wird — eine dem Character nach mehr private, als öffentliche Thätigkeit, die um so unbefriedigender und unerheblicher ist, je dürftiger meistens das Object und je mehr die bloße Unterhaltung der Form — die Besoldung der Beamten — die Mittel für die wesentlichen Communal-Zwecke vorweg zu verzehren pflegt.

Wie darf man sich da über die so vielfach beklagte Theilnahmlosigkeit zumal der gebildetern Bürger an der Städteverwaltung wundern? Noch bis zu diesem Tage würde sie währen, hätte nicht der politische Partheigeist auch den städtischen Verwaltungsformen an vielen Orten ein ihnen eigentlich fremdes Leben eingehaucht, und sicherlich wird mit dem Verrauschen dieses Scheindaseins auch die alte Lethargie wiederkehren, wenn die Gemeinde nicht durch den Gesetzgeber mehr und mehr zu dem gemacht wird, was sie ihrer Idee nach sein soll:

„zu einem wahrhaft fördernden Organ für die gemeinsamen Lebensinteressen ihrer Angehörigen — auf die Mitwirkung Aller gegründet.

Immer klarer wird durch die Erlebnisse unserer Zeit die Erkenntniß, daß nicht in den Formen der allgemeinen Theilnahme, den Wahlen, dem Repräsentationssystem, der Oeffentlichkeit an und für sich, sondern darin das belebende Princip des freien Staats liegt, daß mittelst dieser Formen etwas der allgemeinen Theilnahme werth Erscheinendes, alle Geister Anziehendes dargeboten und zugänglich gemacht werde.

Soll die Reform des Gemeindewesens eine durchgreifende sein, und das schon von der Städteordnung gesteckte Ziel: „die Erregung und Erhaltung des Gemeinsinns durch die Theilnahme Aller an der Verwaltung des Gemeinwesens“ wirklich erreichen, so muß sie also damit beginnen:

„Die gemeinsamen reellen Interessen

der Gemeindeglieder ganz entschieden und deutlich in die erste Linie zu stellen, und diesen die äußerliche Form, die bisher auch in dieser Lebensrichtung fälschlich zur Hauptsache gemacht worden, völlig unterzuordnen.

Eine bereitwillige, hingebende, nicht wie die jetzige bei den meisten unbesoldeten Gemeindeämtern nur gezwungene und widerwillige Mitwirkung Aller ist nur dann zu erreichen, wenn jeder die eignen Interessen in denen der Gemeindeverwaltung klar wiedererkennt.

Betrachten wir, was dieser leitenden Idee nach in das Gebiet des Gemeinwesens fällt, so tritt:

1) als nächstes Interesse Aller offenbar hervor, daß die Quellen reichlich fließen, die den Einzelnen wie das Ganze nähren, in den Städten also die Fürsorge für Handel und Gewerbe, bei den Landgemeinden die für das Gedeihen des Ackerbaues. Freilich hat dies Interesse auch jeder Einzelne und es ist daher im natürlichen Gegensatz gegen eine Alles bevormundende oft schiefe Einwirkung der Regierungen auf diesen Zweig der Nationalökonomie fast zum politischen Glaubenssatz geworden, daß die Wahrnehmung dieses Interesses auch lediglich der sichern Triebfeder des Eigennutzes der Einzelnen überlassen bleibe. Unsere ganze Gewerbe- wie unsere Agrargesetzgebung ist aus diesem Grundsatze hervorgegangen. Aber die schädliche Wirkung des rein negativen Princips, jenes „laissez faire“ in der, auf geordnetem Zusammenwirken der Einzelnen zum Ganzen, beruhenden Staatsgesellschaft tritt immer drohender in der wachsenden Verarmung und Ausartung ganzer

Einwohnerklassen hervor. Lauter und lauter tönt ihr Hülferuf, und die widersinnigsten Rettungspläne vom alten Zunftzwang bis zu Fourier's modernen Phalansterien sind nur die Ausgeburt eines Volks=Bedürfnisses, welches vergebens auf eine geregelte Befriedigung wartet. Diese zu gewähren sind die Gemeinden berufen.

Zwischen der schädlichen Einseitigkeit der völligen Selbstregierung der Gewerbe, die wegen der Collision der Privat-Interessen, welche hier gerade ihren Sitz hat, zu Parthei-Kampf und Unterdrückung führen muß, und zwischen der, dem Einzelnen gar zu fernstehenden und nur zur Leitung größerer Kreise berufenen und befähigten Staatsregierung, bilden die Organe der Gemeindeverwaltung um so mehr die natürlichen Vermittler, als sie aus der Wahl aller — der Produzenten wie der Consumenten — hervorgegangen sind und ihnen gleich nahe stehen.

Vernunft und Geschichte stimmen in dieser Lehre überein.

In der früheren Blüthezeit der Stadt= und Landgemeinden stand in den ersteren die Zunftverfassung oder damalige Gewerbeordnung, in den letzteren das landwirthschaftliche System mit der Gemeindeverfassung in der engsten Wechselwirkung, im untrennbaren Zusammenhang, den das absolute System nur mit dem Gemeindeleben selbst zu zerstören vermochte. Die alten Ortswillkühren aus der Blüthezeit der Städte enthalten fast nur Bestimmungen über gewerbliche Verhältnisse und nur weniges Formelle auf die Behörden Bezügliche. Wenn eine zweite höhere Blüthezeit der Gewerbe erstehen soll, muß dieser Zusammenhang in höhern zeitgemäßen Formen wieder hergestellt werden, indem man die Gemeinde- mit der Gewerbe-Organisation so verbindet, daß dieselben Organe die Interessen Beider wahrzunehmen geeignet sind.

Die Prüfungen, die Einrichtung und Leitung gewerblicher Creditanstalten, Bildungsinstitute, Gewerbehallen, die Theilnahme an den Gewerbegerichten rc. überhaupt die Wahrnehmung der vielgestaltigen Gewerbeinteressen und ihre harmonische Ausgleichung muß zum wahren Lebenselement der städtischen Gemeindebehörden und zum vorzüglichsten Zweck der Communal-Einnahmen, die fast ganz aus den Taschen der Gewerbtreibenden fließen, gemacht werden, weil die ganze Existenz der Städte darauf beruht, wie andererseits für die Landgemeindenvorstände in der Förderung des landwirthschaftlichen Gewerbes in analoger Weise die erste Lebensaufgabe ruht.

Es ist daher, abgesehen vom sonstigen Inhalt der neuesten Gewerbegesetzgebung, beklagenswerth, daß dieselbe wieder außer aller nöthigen Verbindung mit der Gemeindeordnung geregelt ist und indem sie den Gewerbtreibenden ganz eigenthümliche Organe schafft, den natürlichen Wirkungskreis der Gemeindevorstände und Repräsentanten, statt ihn durch gewerbliche Functionen unter Betheiligung Gewerbekundiger neu zu beleben, wider das wohlverstandene Interesse Beider noch mehr Abbruch thut.

Wie die obige Aufgabe für die Landgemeinden zu lösen und namentlich über das Gemeindecreditwesen, finden sich in der schon oben erwähnten Schrift von Peguilhen „Die Landgemeinde in Preußen" (Königsberg 1841 bei Bornträger) treffliche und fruchtbare Ideen. Ein mit der

Idee des Gemeinwesens nicht minder innig verbundenes Interesse erkennen wir

2) in einer schnellen, aufmerksamen und Jedermann leicht zugänglichen Justiz- und Polizeipflege für die Angelegenheiten des täglichen Lebens. Wie früher auch bei uns, so ruht in dem stammverwandten England, auf das sich bei der Rückkehr zu nationalem politischem Dasein mit Recht Aller Augen richten, noch jetzt auf der Organisation dieser das ganze Gemeinwesen. In dem friedensrichterlichen Institut, dem Hauptorgan der brittischen Gemeindeverwaltung, das von Vincke — der Vater — in seiner berühmten Schrift von der inneren Verwaltung Gr. Brittanniens, die Seele des ganzen Englischen Staatswesens nennt, ist die allgemeine Polizeipflege und soviel von der Civil- und Criminal-Gerichtspflege, als der ersteren kräftige und vollständige Ausübung erfordert und als, für das allgemeine Beste zuträglicher, dem summarischen Verfahren einer überall nahen, schnell wirksamen und nicht sportelirenden Behörde als dem ordentlichen processualischen Rechtsgang überlassen wird, mit einander vereinigt. Bestrafung der geringeren Verbrechen, der persönlichen Beleidigungen, Eigenthumsbeschädigungen, Fälschungen und Betrügereien im Handel und Wandel, executivische Einziehung bei verwirkten Zahlungen von Banknoten und Wechseln bis 5 Pfund, Gesinde- und Gewerkstreitigkeiten, Bestrafung von Taugenichtsen, Bettlern und Vagabunden, die Aufsicht auf öffentliche Sitte und Ehrbarkeit, verbotene Spiele, auf Branntwein- und Bierschänken, die Entfernung aller öffentlichen Aergernisse und Störungen, kurz „die Hegung des Königlichen Friedens in den mannigfachen Verwicke-

lungen des bürgerlichen Lebens," alle diese Geschäfte und noch manche andere, wie z. B. die Aufsicht auf öffentliche Wege, Brücken, Kanäle, Feuerpolizei, Gesundheitspolizei 2c. besorgen, anerkannt aufs Beste mit concurrirender Gerichtsbarkeit in jedem Gemeindesprengel die Friedensrichter und zwar bald einzeln, bald collegialisch bei ihren periodischen öffentlichen Sessionen, und nur gegen Erstattung ganz unbeträchtlicher Gebühren zur Remuneration der Schreiber, indem sie selbst unbesoldete, unabhängige Grundbesitzer sind.

Solch eine Einrichtung freilich, so erstrebenswerth sie auch erscheint, ist nicht ohne Weiteres zu übertragen und wir werden uns bei der Denkungsweise unserer Bevölkerung wohl noch lange damit begnügen müssen, durch eine künstliche und praktisch sehr schwerfällige Trennung der Organe für Polizei- und Justizpflege der Willkühr vorzubeugen. Unerläßlich nothwendig ist es aber, daß fernerhin mindestens jede Gemeinde wieder einen Richter hat, der mit dem Gemeinde- und Polizeivorstande an einem Orte wohnt, und mit ihm zur Wahrnehmung ihrer, der inneren Natur nach kaum trennbaren Geschäfte kräftig zusammenwirkt. Eine Gemeinde ohne Richter und ohne Polizeibehörde, wie sie jetzt auf dem Lande die Regel bilden, da der Schulze nur Gehülfe und Ortsdiener der vorgesetzten Königlichen Behörde ist, sollte fernerhin etwas undenkbares sein, wenn man erwägt, wie sehr das Gemeinwesen darunter leiden muß und wie sehr sich diese Nachtheile durch die jetzige Trennung der Polizeigerichtsbarkeit von den verwaltenden Organen in solchem Falle noch vermehren müssen.

Wesentlich kommt es aber auch darauf an, daß mehr und mehr wieder die Selbstthätigkeit des Volkes in dieser Sphäre und damit der Sinn für Recht und gesetzliche Ordnung, der wahre Quell und die ewige Grundbedingung politischer Freiheit allgemein geweckt und befestigt werde. Geschwornengerichte, Oeffentlichkeit und Mündlichkeit sind ein trefflicher Anfang. Der Uebergang des Vormundschaftswesens an Familien-Räthe und Gemeindevorstand, die schon erwähnte Einrichtung von Gewerbegerichten unter Mitwirkung Gewerbtreibender, die Einführung der Gesammtbürgschaft der Gemeinde für den durch Verbrechen jeder Art dem einzelnen Gemeindemitglied ohne sein Versehen zugefügten Schaden zur Belebung des Interesses jedes Einzelnen an der Wahrung des öffentlichen Friedens und ähnliche geeignete Maaßregeln müssen folgen.

3) Die Erziehung aller ihrer Angehörigen zu tüchtigen Gemeinde- und Staatsbürgern ist eine fernere hohe Aufgabe jedes Gemeinwesens. Darüber zunächst, daß die Schule in eine weit innigere Beziehung mit der Gemeinde, die bisher auf dem Lande so oft ganz gefehlt hat, treten muß, sind die Ansichten einig. Diese Beziehung kann aber nur dann eine innige sein, wenn die Gemeindebehörde nicht blos auf die sogenannten externa beschränkt bleibt, während der Staat durch seine unmittelbaren Organe die innere Leitung des Schulwesens ganz ausschließlich beherrscht. Soll die Gemeindebehörde ein wahrhaftes Interesse für das Aeußere des Schulwesens haben, und den Lehrern gegenüber in die richtige Stellung kommen, so darf ihr auch das Innere nicht fremd bleiben und es wird sich daher der Staat auch in dieser Beziehung auf die Fest-

stellung der Grundsätze und die allgemeine Controlle beschränken, deren Ausführung aber den Gemeindebehörden zu überlassen haben. Es führt dies auf das so streitige wechselseitige Verhältniß der Gemeinde, Kirche und Schule. Uns dünkt nun vor Allem wichtig, daß auch in dieser Beziehung die politische Gemeinde als natürliche Vermittlerin aller lokalen Gegensätze aufgefaßt wird. Der kirchlichen Selbstverwaltung und religiösen Bekenntnißfreiheit, als dem einzigen gesunden Princip, das wieder zu ächter Religiosität führen kann, die freieste Gewähr lassend und sie selbst vom Einfluß des Patronats der politischen Gemeinde emancipirend — was nach sonstiger Kräftigung der politischen Gemeinde ohne Gefahr ist — muß man doch festhalten, daß bei der Schule Geistliche nur als die von der Gemeinde berufenen Organe einwirken und dadurch zumal in Landestheilen, in denen sich Confessionen und Nationalität so mischen wie hier, wo deutsch und evangelisch, polnisch und katholisch fast gleichbedeutende Worte im Munde des Volks geworden sind, das oft höchst einseitige Herrscherthum für immer gebrochen wird, welches sich, die Religion der Liebe verkennende, Geistliche mittelst der Schule über das Volk angeeignet haben, und daß auch religiöse und Verstandes-Bildung wieder in der innigen Verschwisterung gepflegt werden, die das Bedürfniß des bürgerlichen und des ächt menschlichen Daseins überhaupt ist und die man doch in der Gegenwart so sehr vermißt. Dadurch, daß Geistliche und Lehrer mit der Gemeinde in engere Verbindung treten, an der Gemeindeverwaltung mindestens in Ansehung ihres Wirkungskreises selber Theil nehmen, wird aber auch auf diese Erzieher selbst, die jetzt nur zu häufig durch ihre Isolirung vom Leben der Pedanterie und einer schiefen einseitigen Lebensauffassung anheimfallen, vortheilhaft eingewirkt und ihr Lehrtalent zum Erziehungstalent geläutert werden.

Wer Bürger bilden soll, muß sich auch im bürgerlichen Lebenskreise bewegen.

Nicht minder als die religiöse und sittliche, muß sich aber auch die gymnastische Bildung enger und practischer als bisher in solcher Weise an die Gemeindeschule anschließen, daß die Vorbildung zur Wahrhaftigkeit Schulzweck und dadurch neben anderem großen Gewinne fürs Leben die Möglichkeit gegeben wird, die im Gewerbsinteresse noch immer höchst störend empfundene Dienstzeit beim stehenden Heere zu verkürzen, die Stellung desselben weniger schroff und einseitig und die allgemeine Volksbewaffnung durch erweiterte Waffenfähigkeit der Jugend zur vollen Wahrheit zu machen.

Soll die Schulbildung fruchtbar für das Leben sein, so muß sie sich aber auch im Leben fortsetzen.

Volksthümliche politische Institutionen für Gesetzgebung, Rechtspflege und Verwaltung und ein weniger vereinzeltes Gewerbsleben müssen hier das Meiste thun. Doch werden jetzt die Gemeinden zunächst auch auf Fortbildungsschulen, gute öffentliche Bibliotheken und derartige Bildungsinstitute mehr Bedacht zu nehmen haben, um die so unendlich vernachlässigte Geisteskultur und damit auch den Wohlstand erst kräftiger zu heben, auf diese Weise aber ein Erdreich zu bereiten, in dem die politische Selbstverwaltung gesunde Wurzel schlagen kann.

4) Wie sehr die Fürsorge für eine zweckmäßige, nicht

die Faulheit und Liederlichkeit patentirende, aber die Armen auch nicht hülflos dem Elende und Verbrechen überlassende Armen- und Krankenpflege zu den Gemeindeinteressen gehört, darf hier nicht weiter ausgeführt werden. Aber wir rechnen dazu

5) auch die Sorge für die geeigneten Anstalten, um Arbeitsscheue und Verbrecher wieder zu nützlichen Gliedern der Gesellschaft zu machen, und erkennen darin ein eben so wichtiges als bisher durch die centrale Leitung unendlich vernachlässigtes, höchstens zwangs- und maschinenmäßig versehenes Interesse. Soll dieser Krebsschaden noch geheilt werden, so bedarf es nicht sowohl einer Vermehrung der jetzt vom Staat verwandten Mittel, als einer nützlicheren und menschlicheren Anwendung derselben, die in diesem Verwaltungszweige nur dann zu erwarten ist, wenn jeder Gemeinde, als dem der Familie nächsten sittlichen Verbande des Schuldiggewordenen, das Recht und die Verpflichtung der sittlichen Besserung der ihr angehörigen verwahrlosten Geschöpfe auferlegt wird. Kein Isolirungs-, kein Schweig-, kein Abschreckungs-System, kein Beten per Ordre, keine bloß physische Zucht kann ein verirrtes und gesunkenes Menschenherz auf die rechte Bahn zurückführen, kann ein verhärtetes wieder dem Einfluß des Göttlichen öffnen und für Menschenliebe empfänglich machen, keine rein mechanische Thätigkeit ohne höhere Antriebe die Arbeitslust erwecken, die auch in der Freiheit fortwirkt. Nur eine, wenn auch nach Außen abgeschlossene, so doch im Innern dem Leben nachgebildete, aber auf mächtige Anregung aller höheren Triebe der Menschenbrust und praktische Uebung derselben berechnete Arbeits- und Erziehungsanstalt ist im Stande,

dies zu bewirken. Eine solche Anstalt aber kann nur in kleineren Kreisen, als z. B. die jetzigen Provinzialverbände der Correctionsanstalten, zu Stande kommen und gedeihen, wenn sie unter unmittelbarer Leitung des ihr nahestehenden Gemeindevorstandes steht, und sich an deren Förderung durch Lesen, Besuch, Beschäftigung ꝛc. ꝛc. die menschenfreundlich gesinnten Mitglieder der Gemeinde, die doch immer das nächste wahre Interesse und die nächste Pflicht zur Wiederherstellung ihrer Angehörigen hat, betheiligen. Darin, daß die Zahl der zu Bessernden, wenn jede Gemeinde ihr Arbeits- und Besserungsinstitut hat, nicht sehr groß wird, liegt ein unschätzbarer und mit etwanigen Mehrkosten ganz außer Verhältniß stehender Vortheil vor den jetzigen, viele hundert Sträflinge umfassenden Staats-Besserungs-, richtiger Verschlechterungs-Häusern, denn es ist in sich widersinnig, auf Massen von Verbrechern gleichzeitig moralisch einwirken zu wollen, und in so großen Instituten, wo alles mechanisch und handwerksmäßig hergeht, ist es rein unmöglich; in der großen Zahl der aus allen Fernen versammelten Verbrecher kann das Individuum als solches nicht mehr ins Auge gefaßt werden. Man behilft sich nothgedrungen mit einigen oberflächlichen Kategorien von Verbrechen aus Eigennutz, Bosheit ꝛc. ꝛc. und verfährt übrigens maschinenmäßig, während doch moralische Krankheiten ebenso und in höherm Maaße eine individuelle Behandlung erfordern, als physische, und es wohl Niemandem einfallen wird, in Krankenhäusern allen Patienten e i n e Medizin und in demselben Maaße einzugeben und davon ihre Heilung zu erwarten. Der Ortsgemeinde aber ist der Verbrecher in seiner Individualität bereits bekannt. Die Vorsteher der Arbeitsanstalt, die Geistlichen und Lehrer können ihn demgemäß behandeln, sich speciell in angemessener Weise mit ihm beschäftigen und die Mitthätigkeit der Menschenfreunde in der Gemeinde in Anspruch nehmen. Nicht mit vermehrter Bekanntschaft von Verbrechern, nicht der Gemeinde entfremdet, nicht mit verhärtetem Herzen und mit Schande beladen, kehrt dann der entlassene Sträfling in die Freiheit zurück, er findet den Antheil, die Unterstützung der Gemeinde, welche ihm ein ehrliches Fortkommen möglich macht. Das eigne auch materielle Interesse der Gemeinde, die ihn sonst abermals unterhalten muß, wird dazu mitwirken. Der Staat darf nützlicherweise nur die Oberaufsicht über diese Anstalten führen, sie, wo's Noth thut, unterstützen und die Deportation oder Detention der für unverbesserlich Erachteten übernehmen.

An diese Lebenszwecke der Gemeinden knüpft sich

6) das in den bisherigen Gemeindeordnungen mit Unrecht einseitig hervorgehobene Interesse der guten Vermögensverwaltung, das Interesse, daß die Mittel zur Befriedigung jener Lebenszwecke, soweit sie in Grund- und Kapitalsvermögen vorhanden, wohl verwaltet, der fehlende Bedarf gerecht vertheilt werde.

Der Kreis der vorzüglichsten innern Gemeindeinteressen schließt sich somit. Aber die Gemeinde steht nicht allein. Sie ist ein Glied des Staates, soll im innigsten organischen Zusammenhange mit ihm stehen. Schon dadurch, daß der Gemeinde die specielle Wahrnehmung der vorerwähnten Interessen anvertraut wird, die unter der, ihrer Natur nach nur generellen, Leitung der Regierung durch abstractes Reglementswesen schwer gelitten haben; schon dadurch, daß der Staat fortan wieder durch die oberste Leitung dieser Interessen, durch Unterstützung da, wo ihre Kräfte nicht ausreichen, in sein natürliches Verhältniß zur Gemeinde tritt; wird der organische Zusammenhang Beider im Wesentlichen hergestellt.

Soll dies Ziel ganz erreicht werden, soll das segensvollste Princip des Constitutionalismus, das wir in der Betheiligung aller Staatsangehörigen am Staatsleben, im Gegensatz zum Beamtenstaat suchen, eine volle Wahrheit werden, soll der Uebergang des büreaukratischen in das Selbstverwaltungs-System, in dem Maaße, wie dies in Gr. Brittannien zum Segen des Landes stattfindet, angebahnt werden, so bleibt bei der Gemeindeorganisation

7) das Interesse ins Auge zu fassen, daß jede Gemeinde befähigt werde, die örtlichen Angelegenheiten der Staatsverwaltung im Auftrage der Regierung in allen Zweigen, dem Bedürfniß entsprechend zu erledigen, und die unmittelbaren Organe der Staatsverwaltung sich fernerhin bis auf die wenigen, nothwendig unter centraler Verwaltung stehenden Institute, wie Postwesen rc., durchaus auf die allgemeine Leitung beschränken können.

Erst dadurch werden die Vortheile der Selbstverwaltung evident ans Licht treten, erst dadurch wird die vom Staat jetzt so überwiegend in Anspruch genommene Naturkraft des Volkes für die gehörige Befriedigung der Gemeindeinteressen frei werden, die bisher fast ganz unbeachtet zurückstehen mußten.

Wird nun die Befriedigung der hier dargelegten Interessen als die in der wahren Natur der Gemeinde und ihres Verhältnisses zum Staat begründeten Lebensaufgabe derselben anerkannt, so wird es bei Feststellung der Gemeindeordnung leitendes Princip werden müssen:

Den Gemeinden eine solche Organisation zu gewähren, daß sie geschickt werden, ihrer hiemit festgestellten Bestimmung im Staats- und Gesellschaftsleben zu entsprechen.

Diese Bestimmung der Gemeindeverfassung ist es also, welche bei der Wahl der Formen derselben vor Allem maaßgebend sein muß. Sie sind lediglich Mittel zum Zweck. Doch ist der Gesetzgeber in der Wahl dieser Mittel nichts weniger als unbeschränkt. Denn die Gemeindeverfassung soll Eingang finden im Geiste des Volks, soll in Harmonie stehen mit der Staatsverfassung. Es folgt daraus, daß bei Feststellung ihrer Formen

auch die zeitige Culturentwickelung des Volks,

endlich aber

das constitutionelle Staatsprincip beständig zu beachten ist. Die Grundformen desselben, die Theilung der Gewalt und die Betheiligung Aller am verfassungsmäßigen Staatsleben werden sich in der Gemeindeverfassung, sowohl in dem Verhältniß der Gemeindevertretung und des Gemeindevorstandes, als in der Organisation der Selbstverwaltung wiederfinden lassen müssen.

II. Grundzüge der Gemeinde-Reorganisation.

Durch die Abgrenzung des Gemeinde-Bezirks, die Organisation der Gemeinde-Vertretung und Verwaltung,
endlich die Bestimmung der äußeren Verhältnisse der Gemeinde
werden die Grundzüge der Gemeindereform festgestellt.

Wir gelangen zum Ziel dieser Untersuchung, indem wir an das bereits Festgestellte die Folgerungen knüpfen, welche sich daraus für diese Grundzüge ergeben und damit den durch die stenographischen Verhandlungen der Kammern mitgetheilten Gemeinde-Ordnungs-Entwurf vergleichen.

1. Die Abgrenzung des Gemeindebezirks.

Die Gemeinde soll aus einem bloßen Staatsverwaltungsbezirk, zu dem sie im geschichtlichen Verlauf der Dinge herabgesunken, wieder zu einem lebensvollen Organismus erhoben werden, welcher nicht nur zur Erreichung von Staatsverwaltungszwecken, sondern auch innerer bedeutungsvollen Interessen bestimmt und zur Selbstverwaltung der hieraus resultirenden Angelegenheiten wohl geeignet ist.

Die Erreichung dieser Bestimmung erfordert das vereinigte Wirken nicht geringer Kräfte.

Ein Verband, welcher in das gewerbliche Leben seiner Angehörigen fördernd und leitend eingreifen, welcher einen Gerichts- und Polizeiverwaltungsbezirk bilden, für gute

Volksschulen, Armenpflege und für sittliche Besserung seiner Verbrecher oder Verwahrlosten Fürsorge tragen, welcher die mit der erforderlichen Bildung und Geschäftskenntniß für solche Aufgaben und die damit verbundene Haushaltsverwaltung versehene, auch zu genügender Erledigung der Aufträge des Staats geeignete Beamten unterhalten, überhaupt die Befähigung zu glücklicher Culturentwickelung durch Selbstverwaltung in sich tragen soll, ein solcher Verband kann unter den heutigen Verhältnissen nicht in geringerem Umfange, als mindestens etliche Tausend Einwohner umfassend, gedacht werden.

Wir würden die Zahl 5000 als geringstes Maaß vorschlagen.

Kleinere Gemeinden würden also mit andern zu einem Ganzen zu verbinden sein, wobei aber natürlich nicht die Zahl allein, sondern auch die Dichtigkeit der Bevölkerung im Verhältniß zur Fläche, ihre Wohlhabenheit, ihre Mischung in nationaler Beziehung, die Markt- und Verkehrsverhältnisse, die natürlichen geographischen Grenzen, die Lage eines zum Mittelpunkt der Verwaltung wohl geeigneten Orts und andere individuelle Verhältnisse sorgfältig zu berücksichtigen und neben den bloßen Zahlenverhältnissen, diesen Tyrannen einer vorherrschend auf das Aeußerliche gerichteten Zeit, zur Geltung kommen müßten. Wo ein lebensfähiges individuelles Gemeinde-Ganze schon vorhanden, wäre dies übrigens gebührend zu schonen, und nicht willkührlich aus bloßen Bequemlichkeits- oder Formrücksichten durch Zuschlag oder Trennung von Bestandtheilen zu stören. Doch wird dies wohl nur von Städten gelten können, die schon eine gewerbliche Bedeutung haben und meistens eine bedeutend größere Bevölkerung besitzen, wogegen unsere vielen kleinen Städte, meistens wesentlich auf Ackerwirthschaft basirt, sich trefflich eignen, mit ländlichen Nachbarortschaften, deren enorme Zersplitterung und gänzliche Unfähigkeit, selbstständige corporative Verbände zu bilden, aus der früheren Darstellung hervorgeht, zu einem Gemeindeganzen verbunden zu werden, zumal sie durch die Städteordnung schon einige Vorbildung zu einer selbstständigen Verwaltung in sich tragen, Sitz von Gerichtsbehörden oder Deputationen, etwas bessere Schulanstalten, Marktorte 2c. 2c. zu sein pflegen, und jetzt doch kein sich selbstgenügendes Dasein haben, ja unter der Kostbarkeit ihrer auf größeren Zuschnitt berechneten Verwaltung seufzen. So würde also diesen Städten, wie dem wahren Interesse des Landes durch eine geschickte Verbindung gedient werden. Leider schlägt der den Kammern vorgelegte Gemeindeordnungsentwurf alle in dieser Beziehung gehegten Hoffnungen nieder, nachdem er den Leser erst stufenweise immer mehr herabgestimmt hat.

Der §. 8. Tit. II. kennt Gemeinden von weniger als 2500 E., der Tit. III. solche unter 1500 E., der §. 66. Tit. IV. spricht dann zwar den tröstlichen Grundsatz aus:

> „Gemeinden, die für sich allein den Zwecken des Gemeindeverbandes und den Bedürfnissen der örtlichen Verwaltung nicht genügen, bilden mit der benachbarten Gemeinde eine Sammtgemeinde."

Aber abgesehen davon, daß diesem Satze der eigentliche Inhalt fehlt, so lange der Gesetzgeber sich über die Zwecke des Gemeindeverbandes und die Bedürfnisse der örtlichen Verwaltung nicht ausgesprochen hat, so ergiebt schon der gewählte Name und das folgende, daß die so verbundenen Gemeinden auch als einzelne fortbestehen sollen. §. 67. gewährt ihnen sogar einen Gemeinderath und Gemeindevorstand für ihre besondern Angelegenheiten; was heißt das also, als daß die Sammtgemeinden eben nur ein Titel für Bezirke zu gewissen administrativen Zwecken sein sollen, die man noch nicht kennt, z. B. der Polizeiverwaltung, wie denn ja §. 87. bei mangelnder Organisation von Sammtgemeinden die einstweilige Ernennung von Distriktsbeamten in Aussicht stellt.

Den bestehenden, zu einem fruchtbaren selbstständigen Dasein großentheils ganz unfähigen Gemeinden wird also ihre Fortdauer garantirt. §. 73. nennt schon Gemeinden unter 250 Seelen. §. 87. geht noch weiter, indem danach:

> „einzelne Besitzungen und Güter, welche noch keiner Gemeinde angehören, für Gemeinden erklärt, oder zu Gemeinden vereinigt, oder mit bestehenden verbunden werden sollen.“

Die letzte auf dies „Oder“ gesetzte Hoffnung muß aber weichen, wenn man ebenda weiter liest:

> „Die Bildung neuer und die Veränderung bestehender Sammtgemeinden kann, wenn die Gemeinden nicht einig sind, nur nach der von der Provinzial-Versammlung mit Genehmigung des Königs zu treffenden Bestimmung erfolgen.“

Wenn man die Abneigung aller isolirten Besitzer kennt, ihr bequemes Sonderdasein aufzugeben, so wird man sich nicht träumen lassen, daß hier eine gütliche Vereinigung zu Stande kommen wird; noch weniger einen mehr als vereinzelten Erfolg von dem für diesen Fall vorgeschlagenen Verfahren versprechen.

§. 87. hat ja das auch vorhergesehen, indem in solchem Falle „auch einzelne Besitzungen und Güter für Gemeinden erklärt werden können.“

Die gutsherrliche Selbstständigkeit, der es immerhin lästig sein muß, mit Bauern, Tagelöhnern und Kleinstädtern zu einem Ganzen verbunden zu werden, wird dadurch sicher gestellt und den Skrupeln in Betreff der auf einem gewählten Gemeinde-Rath und Vorstand beruhenden Gemeinde-Verwaltung durch §. 91. glücklich vorgebeugt, wo es heißt:

> „Für Gemeinden, in welchen eine gewählte Vertretung bisher nicht bestanden und ihrer besondern Verhältnisse wegen nicht zu bilden ist, kann mit Vorbehalt einer anderweitigen Bestimmung der Provinzial-Versammlung einstweilen ein Vorsteher von der Aufsichts-Behörde ernannt werden, der die Verwaltung zu führen und die Gemeinde zu vertreten hat.“

Daß damit der Gutsherr gemeint ist, kann wohl keinem dunkel bleiben. Daß damit und den vorhergegangenen Bestimmungen Alles beim Alten bleibt, ebensowenig. Vergebens sucht man das Wehen eines schöpferischen Hauches in diesem Projekt von den Einzel- und Sammtgemeinden. Niemand kann zween Herren dienen. Entweder die eine oder die andere muß aufgegeben werden, oder die Folge ist, daß beide nichts taugen und das Volk nur noch mehr belästigen werden. Das Wort „Sammtgemeinden“, gegen das die Sprache sich gleichsam wehrt, wird nie einen guten Klang im Ohre des Volkes haben, nie verstanden werden. Die Gemeinde als solche soll ja das „Gesammte“ oder das „Allen Gemeine“ sein. So gut wie Sammtgemeinde könnte man auch sagen: Gemein-Gemeinden, warum denn nicht lieber „Gemeinden zur zweiten Potenz“, woran sich dann die Kreis-, die Bezirks-, die Provinzial-Gemeinden als Gemeinden zur dritten, vierten und fünften Potenz trefflich anschließen würden. Solche künstliche Pläne kann man auf dem Papier entwerfen, in der Wirklichkeit aber müssen sie alsbald zum Babylonischen Thurm werden, der Bauleute und Völker verwirrt. Ist gar die Grundlage unsolide, wie soll das Uebrige haltbar, praktisch, nützlich und erfreulich sein? Die Gemeinden aber sind die Grundlage des Staats und nie wird die Volkskraft erstarken und sich in gesunder und dem Ganzen ungefährlicher Weise entfalten, ehe das Gemeindeleben wiederhergestellt ist. Wir kommen also darauf zurück, daß die Bildung neuer lebenskräftiger Gemeindebezirke der erste Anfang aller gedeihlichen Reform sein muß.

Die bestehenden kleinen Gemeinden dürfen nur noch örtliche Verwaltungsbezirke mit einem Bezirksvorsteher und etwanigen Beigeordneten bleiben, wo das Bedürfniß dazu obwaltet. Alle Rechte und Pflichten der Gemeinde und damit auch der ehrwürdige Name derselben gehen auf das Ganze über. Nur dann kann dies Lebenskraft haben. Nur dann wird der Sondergeist des partikulären Widerstandes der Landgemeinden wie der Gutsherrn gebrochen. Ja, man kann, wenn mit Sorgfalt und pünktlichem administrativen Blicke bei der Bildung der neuen Gemeindebezirke zu Werke gegangen wird, sicher sein, daß der praktische Sinn des Landbewohners jeder Klasse bald die Vortheile erkennen und sich viel eher damit befreunden wird, als mit der Zusammenschlagung einiger unbedeutender Ortschaften und den ominösen Sammtgemeinden. Denn, abgesehen von den sonstigen Vortheilen des größern Verbandes, kann eine gewisse lokale Selbstständigkeit, die dem Deutschen Bedürfniß ist, mit großen Gemeindeverbänden weit eher bestehen, als mit kleinen. Nur so werden die auf gegenseitige Ergänzung und Zusammenwirkung hingewiesenen Culturkräfte der großen und kleinen Gutsbesitzer, Bauern und Arbeiter, so wie der in der jetzigen Form überlebten kleinen Städte für einander und für das Ganze fruchtbar gemacht, schädliche ständische Gegensätze vermittelt, überhaupt die unentbehrlichen Lebenselemente einer Gemeinde gewonnen werden.

Kleine Gemeinden als Associationen geringer und nicht mannigfaltiger Kräfte müssen in dem heutigen auf vielseitige Concurrenz gegründeten Dasein verkommen und verkümmern, ihre Angehörigen aber mit ihnen.

Wie unausführbar jede durchgreifende Gemeindereform ohne die Beachtung dieser ersten Lebensbedingung ist, wird sich aber wo möglich noch schlagender herausstellen, wenn wir ihre Grundzüge noch weiter entwickeln.

2. Organisation der Gemeinde-Vertretung und Verwaltung.

Leitender Gedanke bei dieser Organisation ist, daß sie den Lebens-Zwecken der Gemeinde, so wie der Idee der Betheiligung Aller am Gemeindeleben entsprechend gebildet und also zeitgemäß — constitutionell — sei.

A. Verhältniß der Gemeinde-Vertretung und des Gemeinde-Vorstands.

Die Gemeindegewalt wird demnach so organisirt werden müssen,

> daß sie zwischen ihren beiden constanten Trägern, der Gemeindevertretung und dem Gemeindevorstand getheilt ist.

Der m. E. verläßt dies Princip offenbar, indem er §. 65. festsetzt, daß in Gemeinden unter 1500 E. der Bürgermeister zugleich Vorsitzender des Gemeinderaths, sowie nach §. 74. auch Vorsitzender des Sammtgemeinderaths ist, denn die Theilung der Gewalt hört dadurch im Wesentlichen auf. Und womit läßt es sich denn überhaupt rechtfertigen, daß die Angehörigen der kleineren Gemeinden weniger politische Rechte als die größern haben sollen?

Aber auch wo der m. E. die Organe für diese Theilung beibehält, führte die Letztere nicht wahrhaft durch. Soll die Theilung wahrhaft sein, so setzt sie nothwendig voraus, daß in wesentlichen Fragen der Gemeindeverwaltung keine die Gemeinde bindende Disposition ohne Zustimmung beider Organe zu Stande kommen kann. Der Schutz gegen Anmaßung und Unterdrückung des Einzelnen, gegen das Vorwiegen von Sonderinteressen in der Gemeinde liegt eben darin, daß eine gegenseitige Beschränkung stattfindet.

Man stellt entgegen, daß ohne Unterordnung einer städtischen Behörde unter die andere durch Partheigegensätze leider die Verwaltung ins Stocken gerathen, das Interesse der Gemeinde tief verletzt werden könne. Zuweilen kann dies der Fall sein. Keine Form bewahrt vor solcher Möglichkeit. Aber die treibende Kraft des allgemeinen Bedürfnisses muß bald zur gegenseitigen Annäherung und Ausgleichung führen, und das ist besser für den Frieden und das Wohl der Stadt, als wenn in Dingen, die solche Spaltungen veranlassen, eine Parthei sofort ihr Machtwort sprechen kann. Ueberhaupt aber ist das Leben von großen Corporationen so geartet, daß Uebereilungen ihrem Interesse noch viel mehr Gefahr drohen, als Verzögerungen. Die Polizeigewalt, für die allerdings noch andere Rücksichten gelten, als für andere Communalangelegenheiten, wird ja überdies dem Vorstande allein anvertraut und endlich giebt es für die schlimmsten Fälle noch eine höhere Instanz. Abgesehen von diesen Nützlichkeitsgründen für und wider liegt jedenfalls eine Verläugnung des constitutionellen Grundprincips, eine entschiedene Hinneigung zu dem unwahren französischen Constitutionalismus darin, wenn der Vorstand lediglich als ausführendes Organ angesehen wird, wie dies der m. E. thut, indem er §. 32. erklärt:

> „Der Gemeinderath hat über alle Gemeindeangelegenheiten zu beschließen, so weit dieselben nicht ausschließlich dem Gemeinde-Vorstand überwiesen sind.
>
> Die von dem Gemeinde-Rath gefaßten Beschlüsse sind für die Gemeinde verpflichtend.“

Der Schwerpunkt der Gemeindeverwaltung wird hier

in die Repräsentation gelegt und darin gar nichts dadurch verändert, daß der Gemeinde-Vorstand, für den die Beschlüsse ebenfalls bindend sind und der sie auszuführen hat, dieselben, wenn er sie dem Gemeindewohl für nachtheilig hält, „beanstanden" und die Entscheidung des Bezirksraths einholen kann.

Dem Vorstande ist doch immer die offene gesetzlich anerkannte Coordination mit den Gemeindevertretern, und damit eine moralisch bedeutsame Grundlage seiner heut zu Tage ohnehin tief erschütterten Autorität und Selbstständigkeit genommen.

Das Hinterthürchen aber, welches ihm durch die Beanstandungsbefugniß gelassen worden, wird weder der Würde eines städtischen Vorstandes noch der Commune ersprießlich sein. Denn einen definitiven Beschluß auf Beanstandung zurückzunehmen, wird sich eine Vertretung nur selten entschließen. Der Vorstand muß also klagen. Diese Verweisung auf eine höhere Instanz aber für Fälle der Art, die im Gemeindeleben gar nicht selten vorkommen, kann nur zu leicht eine Veranlassung werden, die Selbstständigkeit der Gemeinde zu untergraben. Denn der Gemeinde-Vorstand, namentlich dessen Seele der Bürgermeister, dem durch §. 58 a. a. O. ohnehin noch eine Sonderstellung zur Staatsgewalt gegeben und der durch das Pensionirungsgesetz der Gemeinde gegenüber ziemlich sicher gestellt ist, wird sich nun der Repräsentation gegenüber leicht mehr als billig an jene lehnen und dadurch wie durch die Verwaltungs- und Polizei-Macht des Vorstandes Mittel und Wege zu finden wissen, die den Vertretern gesetzlich eingeräumte

Obermacht in der That in die Abhängigkeit von höheren Behörden zu verwandeln.

Ist doch die Beanstandungsbefugniß des Vorstandes selbst in Etatssachen nicht ausgeschlossen und dadurch indirect der Oberbehörde in der Beschwerdeinstanz die Befugniß gegeben, ihre Macht bis in das Innerste der städtischen Haushaltung auszudehnen.

So laufen widernatürliche Bestimmungen in ihren Wirkungen nur auf Schein und Unwahrheit hinaus. Wir wollen offene ehrliche Gleichberechtigung beider städtischen Collegien. Daher kein bloßes Beanstandungsrecht wie der m. E., aber auch kein Bestätigungsrecht, wie die Städteordnung will, sondern ein Recht der Zustimmung und Ablehnung, das zur freien Verständigung unter Gleichberechtigten zu führen vermag.

Nur in einem wesentlichen Punkte ist die Gemeindevertretung das allein beschließende Organ, wie es die Volksrepräsentation, der Staatsregierung gegenüber in gleicher Weise sein soll, nämlich was die Geldbewilligung betrifft.

Freien Männern, Staatsbürgern, darf ihr Eigenthum und demnach auch ihr Geld, von keiner Macht der Erde ohne ihre Zustimmung genommen werden.

Dieser auf der Heiligkeit des Eigenthums beruhende Gedanke ist es, der sich im Steuerbewilligungsrecht der Volksrepräsentation ausspricht, und der sich in der demselben innern Gesetz folgenden Stellung der Gemeinde-Vertretung zum Gemeinde-Vorstande nicht minder geltend machen muß.

Wir vindiciren den Gemeindevertretern daher das ausschließliche Recht der Etatsfestsetzung und glauben, daß dasselbe durch die andrerseits dem Vorstande ausschließlich beizulegende Polizeigewalt, so wie durch den überwiegenden Einfluß, welchen beständige oberste Leitung der Verwaltung und größere Geschäftskunde ihm vor den nur periodisch zusammenkommenden Vertretern gewährt, genügend ausgeglichen wird, um das Verhältniß der Gleichberechtigung nicht zu stören.

Damit nun beide städtischen Collegien der ihnen gesetzlich zugewiesenen Stellung wohl entsprechen, muß eine gute Organisation derselben hinzukommen, und wir legen hier namentlich auf die des Vorstands das größte Gewicht, weil in seiner Hand die wichtigsten Interessen der städtischen Verwaltung beständig liegen und seine Untüchtigkeit auch durch den redlichsten Willen und die beständige Controlle der städtischen Vertreter nicht ausgeglichen werden kann.

B. Organisation des Gemeindevorstands.

Soll der Gemeindevorstand den hohen Beruf, welcher ihm in der künftigen Stellung der Gemeinde zum Staat anvertraut ist, zu erfüllen befähigt, soll ihm eine Stellung gesichert sein, in der ihm zugleich das Vertrauen und die Mitwirkung der Gemeinde, damit aber die erforderliche moralische Autorität gewiß ist, so ist es nöthig,

> „daß an die Spitze der Verwaltung in jeder Gemeinde ein völlig geschäftskundiger Mann von höherer Bildung gestellt, daß der Einfluß desselben aber durch ächt collegialische Form gemäßigt und durch die Mitwirkung angesehener unbesoldeter und

dadurch unabhängiger Gemeindemitglieder vor büreaukratischer Beimischung bewahrt wird."

Aecht collegialische Form! Diese duldet keine Sonderstellung des Vorsitzenden, wie sie der m. E. im Sinn hat, indem er §. 58 den Bürgermeister speciell mit der Handhabung der Ortspolizei so wie mit der Wahrnehmung aller örtlichen Geschäfte der Staatsgewalt, zu denen jetzt andere Behörden bestimmt sind, beauftragt und dadurch ein separates Staatsorgan aus ihm macht. Der Gemeinde-Vorstand als solcher soll, wo das Bedürfniß dazu da ist, das Organ des Staates sein; es ist seine Sache, wo es nöthig erscheint, nicht collegialisch, sondern durch den Vorsitzenden oder andere Mitglieder gewisse Geschäfte zu betreiben. Während in diesem Sinne die Städteordnung von 1808 von der Uebertragung der Polizei an den Magistrat spricht, macht der vorliegende ministerielle Entwurf den Bürgermeister von dem Gemeindevorstande los und bringt ihn um so mehr in eine büreaukratische Stellung zu dem Collegium, als er demselben §. 81 sogar die Befugniß beilegt: Beschlüsse, die dem Staatsinteresse widersprechen, zu suspendiren und deshalb an den Regierungs-Präsidenten zu recurriren, der demnächst mit Zuziehung des Bezirksraths schließlich entscheiden soll.

Welche Casuistik kann sich nicht hinter dem angeblichen „Staatsinteresse" verbergen, und der Selbstständigkeit der Gemeinde gerade in ihrer Spitze gefährlich werden?

Wahrhaft collegialische Form bedingt ferner, daß die Zahl der Mitglieder nicht ganz klein ist, weil unter Wenigen der Einfluß eines Einzelnen nur zu leicht ein störendes Uebergewicht gewinnt, und die mannigfaltigen Interessen, welche der Gemeindevorstand wahrzunehmen berufen ist, sonst oft einseitig vertreten werden. Die Städteordnung erkennt dies an, indem sie in kleinen Städten (bis 3500 E.) dem Bürgermeister außer einem Besoldeten noch vier bis sechs unbesoldete Mitglieder, in mittleren (3500 bis 10000 E.) außer einem besoldeten Kämmerer und Syndikus, noch 7 bis 12, in großen außer dem Syndikus und Kämmerer noch zwei besoldete gesetz- und verfassungskundige Männer und 12 bis 15 unbesoldete Mitglieder zur Seite stellt.

Solchen Collegien darf Bürgerschaft und Staat schon einiges Vertrauen schenken und sie mit Berechtigungen nicht sparsam ausstatten.

Dagegen schränkt der m. E. §. 26 die Gemeindevorstände

„auf einen Bürgermeister,
einen Beigeordneten als Stellvertreter,
und wenige Schöffen

ein, so daß z. B. Städte von 2500 bis 10000 E. ein Vorstandscollegium von sechs, Gemeinden von 10000 bis 30000 E. nur von acht Mitgliedern haben.

Der büreaukratische Character, welchen der überwiegende Einfluß einer Person, des Bürgermeisters, dem Vorstande verleiht, wird durch die Vorschrift des m. E. §. 27 vermehrt, welcher nicht nur den Mitgliedern des Richterstandes und Beamten der Staatsanwaltschaft, sondern auch den Geistlichen und Lehrern an öffentlichen Schulen, so wie den Polizeibeamten den Zutritt zu dem Gemeindevorstande unbedingt versagt, während sich in diesen Kategorien gerade Elemente finden, welche für die Gemeindeverwaltung dem Vorstande sehr nützlich werden können, und der bevormundenden Rücksicht, daß sie dadurch in ihrer Amtsstellung beeinträchtigt werden könnten, andere nicht unerhebliche entgegenstehen. Der Gemeindevorstand hat keine Partheistellung in der Gemeinde, deshalb können ihm Geistliche, Lehrer und Polizeibeamte unbedenklich angehören, und es wird dies namentlich dadurch, daß die Zahl der geschäftskundigen und höher gebildeten Männer, die uns noch so sehr fehlen, im Vorstande vermehrt wird, oft sehr nützlich sein, auch auf die sonstige Thätigkeit dieser Beamten insofern vortheilhaft einwirken, als sie dadurch aus ihren Sonderstellungen mehr in den Kreis des öffentlichen Lebens hineingezogen und vor Einseitigkeit bewahrt werden. Natürlich denken wir dabei an Gemeinden von dem vorgeschlagenen größeren Umfange, da in ganz kleinen Kreisen sich die Interessen allerdings zu schroff gegenüberstehen, um derartige Vorschläge unbedenklich erscheinen zu lassen.

Eine solche collegialische Form allein endlich wird es möglich machen, daß der Gemeindevorstand das Princip der Betheiligung Aller am Gemeindeleben ohne Nachtheil für die Einheit der Verwaltung in ausgedehnter Weise in Wirksamkeit treten lassen kann. Wir kommen damit auf

C. Organisation der Verwaltungs-Deputationen.

Das treffliche Institut der Deputationen, durch dessen Einsetzung in der Städteordnung von 1808 die folgenden classischen Paragraphen zur magna charta der ganzen städtischen Selbstverwaltung erhoben sind.

„Die ganze Geschäftsführung in allen das Gemeinwesen betreffenden Angelegenheiten soll sich zwar zur Begründung der Einheit in dem Magistrat concentriren, und von demselben geleitet werden. Der Bürgerschaft wird indessen zur Beförderung einer lebendigen Theilnahme an diesen Angelegenheiten die kräftigste Mitwirkung dabei zugestanden." (§. 169.)

Der Magistrat hat „ohne unmittelbare Theilnahme von Bürgern, nur die allgemeine Leitung der ganzen Verwaltung des Gemeinwesens, und diejenigen speciellen Geschäftszweige abzumachen, wobei es nicht auf eigene Administration oder fortwährende Localaufsicht, sondern hauptsächlich auf Gesetzes- und Verfassungskunde ankommt." (§. 174.)

„Alle Angelegenheiten, womit Administration verbunden, oder die wenigstens anhaltende Aufsicht und Controlle oder Mitwirkung an Ort und Stelle bedürfen, werden hingegen durch Deputationen und Commissionen besorgt, welche aus einzelnen oder wenigen Magistratsmitgliedern, dagegen größtentheils aus Stadtverordneten und Bürgern bestehen, die von der Stadtverordneten-Versammlung gewählt und vom Magistrate bestätigt werden."

„In diesen Deputationen und Commissionen hat die darin sitzende älteste oder alleinige Magistratsperson zwar den Vorsitz, allein jedes Mitglied eine gleiche Stimme, mit der Maaßgabe, daß bei Gleichheit der Stimmen, ebenso, wie in anderen Collegien, dem Vorsitzenden die Entscheidung zusteht."

„Die Zahl der Bürgermitglieder in jeder Deputation und Commission wird nach dem Bedürfniß bestimmt und muß auf Verlangen des Magistrats zu jeder Zeit verstärkt werden. Damit diese Beisitzer aus der Bürgerschaft aber zu den ihrer Verwaltung anzuvertrauenden Geschäften die ihnen nöthigen und nützlichen Kenntnisse besitzen: so soll der Magistrat vor jeder Wahl der Stadtverordneten darauf aufmerksam machen, welche Eigenschaften bei den zu wählenden Beisitzern vorzüglich zu wünschen seien. Besoldung oder anderes Diensteinkommen ist mit ihrem Amte nicht verbunden." (§. 175, 176, 177.)

Daß dies nicht leere Worte werden, dafür sorgt der §. 179 l. c., welcher die für Deputationen geeigneten Verwaltungszweige (Kirchen-, Schul-, Armen-, Feuersocietäts-, Feuerlösch-, Sanitäts-, Bau-, Serviswesen u. s. w.) speciell aufführt.

Wir hegen die Ueberzeugung, daß, wo diese Bestimmungen der Städteordnung in Betreff des Deputationswesens in die Praxis eingedrungen sind, wie z. B. in unserer ehrenwerthen Stadt Elbing, das segensreiche Princip der Selbstverwaltung tiefe und gesunde Wurzeln geschlagen hat. Doch ist dies eben jener früher entwickelten Verhältnisse wegen, gegen die auch die beste Form nicht hilft, leider nur an wenigen Orten, unter sonst besonders günstigen Verhältnissen, der Fall.

Durch Benutzung dieser Form allein wird es, nach Reorganisation der Gemeinden und nachdem jetzt der treibende Geist mehr erwacht ist, möglich sein, auf Gewerbswesen und Wirthschaftsbetrieb Seitens der Staats- und Gemeindeverwaltung unter Mitwirkung Gewerbetreibender den bildenden und ausgleichenden Einfluß auszuüben, den sich gesonderte Gewerbsinstitute und abgestorbenes Innungswesen vergebens wieder zu erringen bemühen werden.

Leider sieht man durch den m. E. auch diese treffliche, höchst biegsame und so auf Stadt- wie Landgemeinden anwendbare Einrichtung der Städteordnung nur geschwächt und verdünnt, keineswegs in ihrer vollen Bedeutung anerkannt wieder.

Der §. 56 l. c. lautet:

> „Sowohl zur dauernden Verwaltung einzelner Geschäftszweige, als zur Erledigung einzelner bestimmter Angelegenheiten und Aufträge, können auf Beschluß des Gemeinderaths besondere Deputationen, aus Mitgliedern des Vorstandes, Gemeinde-Verordneten und Gemeinde-Wählern gebildet werden. Die Gemeinde-Verordneten und die Gemeinde-Wähler werden von dem Gemeinderath, die Mitglieder des Vorstandes von dem Bürgermeister bestimmt. Dergleichen Deputationen sind dem Gemeinde-Vorstande untergeordnet. Ein von dem Bürgermeister bezeichnetes Mitglied des Gemeinde-Vorstandes führt den Vorsitz."

Welch' ein Unterschied mit den vorbemerkten kraft- und saftvollen Bestimmungen der Städte-Ordnung, welche die wichtigsten Gegenstände der städtischen Selbstverwaltung gesetzmäßig in die Hände der Deputationen legen!

Dem ist es dann freilich ganz entsprechend, daß die schon erwähnte dürftige Construction des Gemeinde-Vorstandes es mit der ministeriellen Gemeinde-Ordnung ganz unvereinbar macht, den vielfachen Deputationen, welche die verschiedenen Verwaltungsinteressen erfordern, Vorstandsmitglieder vorzusetzen und dadurch neben der Betheiligung der Bürger auch die Einheit der Verwaltung zu sichern.

D. Organisation der Gemeinde-Vertretung.

Eine gleiche Spärlichkeit waltet im m. E. auch in Ansehung der

Zahl der Gemeindevertreter im Gemeinderath

ob. Wenn es schon unmöglich ist, wie es an sich wünschenswerth wäre, in großen Gemeinden alle Gemeindemitglieder zu berufen, und deshalb eine Vertretung angeordnet werden muß, die immer nur ein ungenügendes Surrogat für die allgemeine Theilnahme der Gemeinde bleibt, so sollte doch die Zahl der Vertreter möglichst groß sein. Das Ansehen der Versammlung wird dadurch erhöht, die öffentliche Stimme macht sich mehr geltend, der Gemeinsinn wird lebhafter erweckt, und die beschlußfähige Zahl wird im Falle des Ausbleibens vieler Mitglieder, der bei Landgemeinden öfter vorkommen kann, doch nicht gar zu winzig ausfallen. Eine große Belästigung der Bürger liegt darin auch nicht, denn eine solche Versammlung tritt, wenn der Vorstand gut organisirt ist, nicht oft zusammen. Die Angelegenheiten aber sind dann, wenn jener sie wohl vorbereitet hat, von der Art, daß die Beschlußfassung dadurch nicht wesentlich erschwert wird. Es kommt mehr auf Abstimmung als Berathung dabei an. Diese ist des Vorstandes eigentliche Sache, der den Gemeinde-Versammlungen beiwohnen und auch hier noch Rath und Auskunft ertheilen soll. Der Name „Gemeinderath“ für die Vertretung ist deshalb übel gewählt, wo ein besonderer Vorstand besteht. Aber der m. E. vermindert im §. 8. die Zahl der Vertreter gegen die unsers Wissens bewährten Bestimmungen der Städte-Ordnung sehr erheblich und legt durch §§. 37. 38., wonach die Hälfte, ja nach Umständen noch weniger Anwesende beschlußfähig sind, bedenkliche Macht in die Hände Einzelner.

Die scharfe Zahlenbegränzung, welche der m. E. den Gemeindeorganen giebt, ist aber überhaupt dem Geiste wahrer Freiheit nicht entsprechend. In solchen rein äußerlichen Dingen darf man den individuellen Verhältnissen Spielraum gestatten, ohne dem allgemeinen Interesse und der wahren Einheit der Organisation zu schaden. Denn diese beruht, wie man unsrer Zeit täglich zurufen möchte, auf der Einheit der Principien, nicht auf der der Formen.

Eben das gilt von den Benennungen, bei deren Wahl man dem Sprachgebrauch gehörige Achtung schenken sollte. Das Verständniß, die Popularität neuer Einrichtungen würde dadurch gefördert und selbst die Handhabung erleichtert werden; dem Wort „Beigeordneter“ für Stadtrath, Rathsherr Rathmann, z. B. wird man in den alten Provinzen des Staats nicht leicht das Bürgerrecht geben, zumal es haarscharf an den Begriff des Untergeordneten — Subalternen — grenzt.

Wenn hiermit die Organisation der Gemeinde-Vertretung und der Gemeinde-Verwaltung in ihren Grundzügen charakterisirt ist, so fragt sich nun ferner,

wie diese Organe des Gemeindelebens aus dem Schooße der Gemeinde hervorgehen sollen?

E. Wahl des Vorstandes und der Gemeinde-Vertreter.

Der Grundgedanke des Constitutionalismus fordert zunächst, daß zwei Organe, die sich gleichberechtigt in der Gemeinde gegenüberstehen sollen, auch unabhängig von einander ins Leben treten. Es ist daher ein innerer Widerspruch darin, daß der Magistrat, als eine den Stadtverordneten gleichstehende, ja nach der Städteordnung in so mancher Beziehung übergeordnete Behörde, doch von diesen gewählt wird, ein Widerspruch, der sich in der Praxis namentlich bei kleineren Communen, auch oft sehr nachtheilig für die Interessen der städtischen Verwaltung fühlbar macht. Denn aus Rücksicht auf die Macht der Stadtverordneten, ihr Loos durch die Wiederwählung zu bestimmen, müssen insbesondere die besoldeten Mitglieder, die durch amtliche Stellung und Geschäftskunde das Uebergewicht im Magistrat haben, nur zu oft in Abhängigkeit sinken, ja ihre Stellung wird dadurch von vornherein schief und mißlich, weil sie sich entweder zur Abhängigkeit von ihren in der Stadtverordneten-Versammlung sitzenden Gönnern oder zum Bruch mit ihnen genöthigt sehen. Insofern wäre es also freilich nun ganz consequent, daß der ministerielle Gemeindeordnungsentwurf dieses Abhängigkeitsverhältniß auch positiv ausspricht. Wenn nun aber die Nothwendigkeit eingeräumt wird, in den Gemeindevertretern und dem Gemeindevorstand zwei im Wesentlichen gleichberechtigte Behörden zu schaffen, so muß die Wahl des Gemeindevorstandes durch die Gemeinderepräsentanten aufhören und dieses Verhältniß dadurch in seiner Reinheit hergestellt werden.

Wenn unser Volk bereits eine höhere politische Bildungsstufe erreicht hätte, wenn jede Gemeinde bereits mindestens einen Stamm unabhängiger, charakterfester, politisch besonnener Männer hätte, wenn Volk und Regierung von dem constitutionellen Charakter bereits durchdrungen wären, so würden wir unbedenklich vorschlagen, daß der Gemeinde-Vorstand von der Regierung ernannt wird, wie in England die Friedensrichter bis auf diesen Tag von der Krone nicht nur ernannt, sondern durch bloße Fortlassung von der jährlich angefertigten Friedensrichter-Liste auch beliebig abgesetzt werden.

Für die Unabhängigkeit der Gemeinde würde deshalb doch nichts zu fürchten und durch die Gegenüberstellung eines von der Regierung ernannten Gemeindevorstandes, und einer aus der Gemeindewahl hervorgegangenen Repräsentation ein normal-constitutionelles Verhältniß hergestellt sein.

So lange unser politisches Leben aber noch immer den Charakter des Kampfes der Regierungs- und Volksorgane, des gegenseitigen Bewachens, Controllirens und Mißtrauens statt der gegenseitigen Förderung, des Vertrauens und der Harmonie hat, ist dies nicht möglich.

Die Wahl durch die Gemeindevertretung erscheint aber eben so unzulässig.

Unserer Ansicht nach wäre unter den gegenwärtigen Verhältnissen der Gemeindevorstand von den Wählern der Gemeinderepräsentanten zu wählen, und zwar mit Rücksicht auf den zeitigen Bildungsstand der Gemeinden auch fernerhin noch durch die indirecte Wahl, wie ja auch die jetzige Wahl des Magistrats eine indirecte ist. Wir würden aber, damit Mißgriffen in dieser unbedingt wichtigsten Function der Gemeinde noch mehr als jetzt vorgebeugt wird, vorschlagen, daß die Qualification zum Wahlmann des Vorstandes noch an Bedingungen geknüpft werde, welche die Wahlen in die Hände der älteren und vorzügliches Vertrauen genießenden Gemeindemitglieder zu bringen geeignet sind; etwa, daß diese Wähler mindestens 40 Jahr alt, zehn Jahre in der Gemeinde wohnhaft wären; auch selbst Gemeindeämter bekleidet haben oder noch bekleiden. Sind die Wähler für diese Function allein bestimmt, so würde die Gemeinde darin wohl keine engherzige Beschränkung erblicken, sondern sich diesen Modus der Wahl, welche übrigens immer für mehrere Jahre mit den Repräsentanten-Wahlen zugleich vorgenommen werden könnte, um des guten Zweckes willen, gern gefallen lassen.

Vor dem schwierigsten Theil seiner Aufgabe steht der Gesetzgeber, indem er

die Berechtigung der Gemeindemitglieder zur Wahl der Vertreter und Vorstandswähler

zu reguliren unternimmt.

Darüber, daß für Staats- und Gemeinde-Urwähler dieselben Grundsätze gelten müssen und daß kein Gemeindeglied — es sei denn wegen gewisser moralischer Mängel (Bescholtenheit) oder gänzlicher Abhängigkeit von Andern (Unselbstständigkeit) — von der Wahlberechtigung auszuschließen sei, ist man meistens einig. Jedes System des Census ist damit verworfen und dies mit Recht, da ein Theil der Mitglieder des Staats dadurch ganz von diesem Bildungsquell des politischen Lebens ausgeschlossen wird. Weniger schon über den Begriff der Unselbstständigkeit — unter der wir ein Verhältniß begreifen, in dem Jemand unter väterlicher oder hausherrlicher Gewalt eines Andern steht. Bitterster Streit aber wird darüber geführt:

> ob Gleichberechtigung bei Ausübung des Wahlrechts stattfinden oder verschiedenen Einwohnerklassen ein ungleicher Antheil zugestanden werden soll?

Niemand wird sich verhehlen, daß von der Schlichtung dieses Streites die friedliche Entwicklung des politischen Lebens in Staat und Gemeinde wesentlich abhängig ist.

Auf eine klare theoretische Anschauung des erstrebten Ziels, zugleich aber auf die richtige Würdigung der durch die thatsächlichen Verhältnisse gesteckten Grenzen des Möglichen und Erreichbaren muß sich auch in dieser Frage eine gesunde Politik stützen, wenn sie nicht entweder aus Unklarheit über ihr Ziel der immer tappenden und schwankenden Willkühr oder wegen der Wahl unpraktischer Mittel über dem Verlangen Alles mit einem Sprunge zu erreichen über die eigenen Füße stolpern und selbst das Besessene verlieren soll. Ja, man muß es sich nur gleich vorweg gestehen, daß eine allseitig befriedigende Lösung dieser Wahlfrage unmöglich ist. Die Natur des socialen Uebels, dem das Wahlsystem gerade entgegentreten soll, wird jedem Vorschlag mehr oder minder den Charakter einer Medizin geben, die dem Kranken bitter schmeckt.

Wir gehen mit dem ehrwürdigen und noch heute unerreichbaren Altmeister der Staatswissenschaft, dem Sohn der vollendetsten Demokratie des Alterthums, Aristoteles, von dem Grundsatze aus:

> daß keine andern Unterschiede der Personen Ungleichheit der Rechte im Staat veranlassen dürfen, als die Unterschiede in solchen Eigenschaften, die zum Dasein, zur Aufrechterhaltung der Ordnung oder zur Vervollkommnung der bürgerlichen Gesellschaft nothwendig sind,

und erkennen als nothwendige Eigenschaften der Art in einem constitutionellen auf freiwillige Theilnahme der Bürger an der Staatsgewalt und Verwaltung zu gründenden Staat,

> die Fähigkeit und den Willen, zu den öffentlichen Lasten beizutragen und an den öffentlichen Geschäften Theil zu nehmen.

Als höchste Richtschnur ist hier also im Gegensatz zu den in unsrer modernen demokratischen Parthei leider vorherrschenden Ansichten der Rousseauschen Freiheitslehre, welche die angeblich angebornen Rechte des Einzelnen zum Zielpunkt für ihre Staatsmaximen nimmt, die Rücksicht auf das Wohl des Ganzen gezogen.

Was diesem nicht zuträglich, seiner Entwicklung oder gar seinem Dasein feindlich ist, darauf kann kein Einzelner ein Recht haben, und das streng genommen selbst vom Standpunkte des Einzelrechts aus, weil durch die Auflösung des Staatsganzen, welches alle Einzelnen wie der beseelte Körper die Glieder umfaßt, auch die Verkümmerung oder Vernichtung aller Einzelnen bedingt ist.

Welcher kleinste Privatkreis hat sich vor den Erschütterungen, die der im März v. J. dem Staat ertheilte Stoß in alle Theile des Staatskörpers wellenartig verpflanzte, abschließen können? Und wie wenig — fügen wir hinzu — hat sich Frankreich mit den Maximen der Rousseauschen Schule und ihrem Streben nach der unbedingten Freiheit und der völligen Gleichheit der Einzelnen, vor steter Wiederholung ähnlicher Stöße und Erschütterungen schützen können?

Betrachten wir nun von diesem Standpunkt aus die Volkszustände der Gegenwart, so finden wir jene für Existenz und Gedeihen des Staats nothwendigen Eigenschaften vorzüglich in dem sogenannten Mittelstande repräsentirt, welcher im weitesten Sinne alle Diejenigen umfaßt, die durch eigene Thätigkeit in Gewerbe, Landbau, Aemtern, Kunst und Wissenschaft in der Regel ihr gutes, wenn auch bescheidenes Auskommen, dadurch aber die Mittel haben, sich und ihre Familie nicht nur physisch zu unterhalten, der Gemeinde und dem Staate nicht nur zu steuern, sondern auch so viel Bildung und Muße zu gewinnen, daß sie am öffentlichen Leben der Gesellschaft, der Gemeinde und des Staates mehr oder minder Antheil nehmen können.

In diesem Theil des Volks, seinen Leistungen, seiner Einsicht, seinem guten Willen, seiner patriotischen Hingebung wurzelt offenbar die wahre Kraft des Staats, sein Urtheil ist es, in dem sich die öffentliche Meinung „die Stimme des Volks" ausspricht. Ginge das Volk in diesem Stande wesentlich auf, so wäre die Zeit der gleichen Wahlberechtigung trotz so mannigfacher innern Verschiedenheiten in demselben, unbedenklich gekommen und dann würde überhaupt die Gleichheit vor dem Gesetz, die wir keinesweges bloß in dem Klassen-Wahlgesetz verletzt sehen, eine volle Wahrheit werden können, „denn nur für im Ganzen gleichartige Menschen kann es gleiche Gesetze geben." Welche Zeit kennt denn aber wohl schroffere, trübere Extreme, so in Bildung und Leistungen, wie in dem was dazu verhilft oder daraus hervorgeht, dem Besitz der Menschen, als die unsrige, in der diesen Söhnen des Vaterlandes Universitäten und Akademien die Wege zum sonnigen Gipfel menschlichen Wissens und menschlicher Kunst öffnen, während dort jene zu Tausenden ohne den kümmerlichsten Dorfschulunterricht in Verwilderung aufwachsen; als unsre Zeit, in der die Klage von der Uebermacht des Kapitals und von der immer steigenden Verarmung von Tage zu Tage lauter und allgemeiner ertönt, in der auf dem Lande kaum erst in Folge Ausführung der Agrargesetze neben der großen Grundform, der ihr zum Theil jetzt noch schaarwerkspflichtige Bauer, als freier Eigenthümer, erstanden ist, aber noch in aller Beschränktheit, Unwissenheit, Armuth des Erbunterthänigen dasteht, und wo neben diesen Beiden, wie in den Städten neben dem Kapitalisten und Handwerker, in unglaublicher Schnelle eine Menschenklasse emporgewachsen ist, die nur zur rohsten Handarbeit geschickt, kaum ihr körperliches Dasein von Tag zu Tage zu fristen vermag, und das geistige Band des Staats, ja oft Alles, was über den nächsten engsten Kreis der materiellen Bedürfnisse hinausgeht, kaum dem Namen nach kennt, geschweige dafür Interesse hegt, oder dafür mitzuwirken im Stande ist!

Ist es denn möglich, daß der Partheigeist das Auge gebildeter, ihr Vaterland liebender Männer vor den Folgen verschließen kann, welche bei solchen Zuständen die Einführung des gleichen Wahlrechts auch im allerzünstigsten Falle haben würde?

Wir wollen nicht das Ausbrechen eines Bürgerkampfes annehmen und selbst das zugeben, daß der Einfluß des an Kopfzahl zurückstehenden, aber an Intelligenz, Besitz und Allem, was Macht giebt, überwiegenden Theils der Bevölkerung sich auch ferner in Staat und Gemeinde noch geltend machen würde, so wird dieser Einfluß doch, wenn ihm die gesetzliche Anerkennung seiner höhern innern Berechtigung versagt ist, großentheils aus seiner richtigen Bahn verdrängt sein. Er wird Wege suchen, die die Moral des Volks und die Achtung vor der Regierung untergraben, er wird wegen der Unregelmäßigkeit seines Wirkens und, weil gerade die weniger lauteren Elemente kein Mittel scheuen, sich geltend zu machen, weil gerade Parthei-Fanatismus, hohle pomphafte Reden, glänzende Verheißungen das Ohr der leichtgläubigen Menge am leichtesten fesseln, eine Unsicherheit, ein Schwanken, und im heißen Kampf der Partheien eine so rein verneinende Richtung in der Volksvertretung hervorrufen, ihr trotz des allgemeinsten Wahlrechts so ganz den unentbehrlichen festen Rückhalt der öffentlichen Meinung rauben, die in der Volksvertretung neben der Regierung eine hoheitsvolle Staatsgewalt, nicht ein unauflösliches Gewirr unedlen fruchtlosen Gezänks sehen will, mit der Unterstützung der öffentlichen Meinung aber so ganz die wahre Kraft entziehen, daß ein solcher Zustand für die bessern Elemente des Volks, die einer stetigen Pflege, eines beständigen Fortschreitens bedürfen, in jedem Fall verderblich, ja lebensgefährlich werden muß.

Man denke an bereits Erlebtes, das mit flammenden

Zügen in der Geschichte des Vaterlandes steht. Man denke an das noch Mögliche und Wahrscheinliche: hier im Osten die in der Unwissenheit und in der zum Theil Slavischen Nationalität der Menge ihren Boden findende antinationale Parthei, welche ihre politischen Bestrebungen nur zu oft unter dem Deckmantel der Religion verhüllte; dort im Westen die von Außen her gelenkte Macht der Geistlichkeit über die Hunderttausende, die noch den heiligen Rock als Gott verehren und dem Wink des Beichtstuhls oder den Stachelreden einer französirten maaßlosen Demokratie blinden Gehorsam leisten; man vergegenwärtige sich die absolute Macht, welche politische Pseudoapostel im Mittelpunkte des Landes auf ein der Luft gleichbewegliches vieltausendköpfiges Proletariat üben, das Nichts als ein verdrießliches Leben zu verlieren hat, man erinnere sich des armen einst schönen Frankreichs, der Juni-Schlacht und der Wahl Louis Napoleons, des Namenträgers jenes alten Bändigers der Republik in der Republik Neu-Frankreich, dieser unvergleichlichen Satyre auf ungemäßigte Freiheitsbestrebungen, vor Allem aber auf — das allgemein gleiche Stimmrecht bei der Ungleichartigkeit der Civilisation des Volks.

Und auf diesen trügerischen, dem Sumpfmoor gleichenden Grund soll der zweite Pfeiler unseres Staats, die Volksvertretung gebaut werden?

Nein, wir, ein Staat der verschiedenen Nationalitäten, selbst starker provinzieller Grundsätze in der deutschen Nationalität, die nur in den gebildeten Klassen verwischt sind, ein Staat der verschiedenen Confessionen, deren Glaubenseifer in den untern Schichten der Bevölkerung noch im Augenblick zu entflammen ist, ein Staat, welcher die größten Verschiedenheiten in Besitz und Culturentwickelung darbietet, wir können uns besonnener Weise nicht in das Chaos der allgemein gleichen Stimmberechtigung stürzen, ohne Alles was wir an Freiheit und Cultur besitzen aufs Spiel zu stellen und schließlich dem härtesten Absolutismus anheimzufallen.

Es ist traurig, daß es so ist, aber da es so ist, dürfen wir es uns nicht durch Zuschließen der Augen verbergen wollen. Es muß Anders werden, als es ist, zur Ehre der Menschheit und des Staats, aber es kann nur Anders werden durch ein vernünftiges Anknüpfen an die Elemente des Bestehenden, deren wir im Ganzen sicher sind, durch Neubau des Staats auf den Theil der Bevölkerung, dessen Kraft, dessen Einsicht, dessen guten Willen, dessen Hingebung wir im Ganzen gewiß sein können.

Diesen festen Grund, der den stattlichen Volksbau des Repräsentativ-Staats unter der alten auf den Fels der Landes-Geschichte gegründeten Königsburg, nicht über Nacht wieder ins bodenlose Nichts versinken lassen wird, gewährt einzig der Mittelstand, in jenen weitgezogenen, Gewerbtreibende, Beamte, Gutsbesitzer und Bauern umfassenden Linien, der Bürgerstand im weitesten Sinne des Worts, dieser wahre Ackerboden des Vaterlandes, in dem Alles, was das Volk nährt, kleidet, lehrt und erfreut, so fruchtbar gedeiht, der ächte Erbe jener alten Nähr-, Wehr- und Lehrstände, die früher das ganze Volk umfaßten und aus dem sich nach oben die Aristokratie jeder Art der Geburt, des Reichthums, der hohen Würden, nach unten die besitzlose Arbeiterklasse in krankhafter Absonderung entwickelte, der Mittelstand, der Träger unserer modernen Cultur und politischen Entwickelung, der jetzt selber von krankhaften Zuckungen erschüttert wird, bis es gelungen, ihm seine natürliche politische Berechtigung im Staatsleben auch gesetzlich zu sichern.

Ja, der Mittelstand ist das wahre Volk, vielleicht nicht der Zahl nach, wohl aber dem Geist und Wesen der moralischen und physischen Kraft nach, die das Staatsleben schafft. Es kommt darauf an

ein System zu finden, welches das Hauptgewicht bei Ausübung des Wahlrechts dem Mittelstande sichert,

und dadurch den Staat ebenso vor den auf die zahlreiche uncivilisirte Klasse gestützten ungezügelten Freiheitsbestrebungen, welche nur unter der Begünstigung durch halbe oder zweideutige Fortschrittsmaaßregeln der Regierung in dem aufs Solide und Praktische gerichteten Mittelstande zeitweiligen Anhang finden, als vor den Rückschritts-Versuchen der Aristokratie sicher stellt, wenn sie unverbesserlich politischen Sonderrechten anstrebt, statt die herrliche, ihr durch Fülle des Besitzes und sociale Stellung gebotene Gelegenheit zu benutzen, dem Volke durch gründliche politische Ausbildung und aufopfernde Theilnahme an öffentlichen Geschäften nützlich zu werden, und sich dadurch der ewig legitimen Aristokratie des Geistes zuzugesellen.

Nur ein solches Gleichgewicht der Kräfte im Staatsleben durch richtige Erkenntniß und Benutzung des eigentlichen Schwerpunkts der Staatsgesellschaft, kann den wilden Schwankungen ein Ziel setzen, die der wechselnd überwiegende Einfluß der Extreme über uns brachte.

Das Klassen-Wahlgesetz des Ministeriums Brandenburg löst diese Aufgabe nicht. Indem es sich auf ein Steuersystem stützt, welches aus allen möglichen Zeiten und Titeln entstanden ist, indem es den Einfluß des Einzelnen nach der Summe einer Steuerzahlung mißt, welche nur scheinbar direct, oft nur zum geringsten Theile oder gar nicht mehr aus dem Reineinkommen des Steuernden fließt, macht es den Zufall zum Meister, der hier vielleicht einigen Fleischermeistern wegen der Gewerbesteuer, die ihm seine Kunden wiederzahlen, dort einem Grundbesitzer wegen einer Grundsteuer, deren Kapital ihm bei der Annahme des Guts schon vom Taxwerth abgerechnet ist, das ganze Uebergewicht der ersten Klasse ihres Wahlbezirks verleiht und namentlich den großen Grundbesitzer und Fabrikanten, die durch den Einfluß auf ihre Arbeiter ohnehin begünstigt sind, übermäßig bevorzugt.

Indem ferner lediglich der Calkül der bestehenden nach ganz andern Rücksichten zusammengestellten Steuertabellen bei Eintheilung der Klassen maaßgebend ist, wird der Mensch ganz unter die Zahl gestellt und ein Lotteriespiel der Ziffern und Namensanfangsbuchstaben eröffnet, welches in der ernstesten Angelegenheit des Volks höchst widerwärtig ist und das gefährliche Beispiel einer Willkühr zeigt, mit der die Regierung am wenigsten vorangehen darf.

So ist das ganze Drei Klassen-Wahlgesetz, weil es die Resultate nicht sicher stellt, weil es nur einseitig den Plan verfolgt, das Stimmrecht der Massen zu beschränken, nicht ein Gleichgewicht beider Extreme herzustellen, nur ein sehr gewagtes Experiment, das wohl im Moment der Gefahr seine Berechtigung hat, aber kein Ausfluß eines politischen Systems, auf das die friedliche Fortentwickelung des Staats zu begründen ist.

Aber dem Klassen-Wahlgesetz liegen zwei wahre Gedanken zu Grunde: der der zeitigen Dreigliederung des Volks und der, daß Stimmrecht und directe Steuerleistung als Recht und Pflicht in Proportion zu setzen sind, und es bahnt dadurch den Weg zu einem richtigen zeitgemäßen Wahlsystem.

Wir verkennen nicht, daß sowohl die Dreigliederung, als der erste Versuch, das ungleichartige Chaos, das aus den Trümmern des alten Lehn- und Ständestaats hervorgegangen, zu ordnen, als die Abmessung des Stimmrechts nach Steuern ihre schwachen und bedenklichen Seiten haben. Die Erinnerung an politische Stände, gegen welche das Volk als gegen etwas Todtes instinctartig oder mit Bewußtsein eine nicht geringe jetzt auch krankhaft gesteigerte Abneigung hegt, und der gerechte Einwand, daß in dem Stimmrecht wegen des darin liegenden Antheils an der Gesetzgebung etwas gar nicht nach Geldleistungen zu Schätzendes enthalten ist, muß jedem auf jene Gedanken gegründeten Plan einen heftigen Widerstand entgegenstellen. Aber wie wir den Mittelstand definirt, ist er ja gar kein nach alten ständischen Sonderungen abgegrenzter Stand, alle möglichen Gewerbe, Beschäftigungen, Lebensstellungen finden darin Platz, nur die Extreme sind ausgeschieden, und wenn nun der Plan so eingerichtet wird, daß der Mittelstand auch an diese vermittelnd heranreicht, und ein beständiger Uebergang aus einer in die andere stattfindet, und diese Sonderung im Leben sonst nicht weiter wahrnehmbar ist, so wird der Widerstand aus jener Quelle der politischen Aversion her bald seine Stärke verlieren. Andrerseits aber wird sich die Erwägung Geltung verschaffen, daß wenn man einmal zu einer Begrenzung des Stimmrechts schreiten muß, es einen gerechteren und mehr auch den Unterschied der geistigen Bildung und der moralischen Eigenschaften des Fleißes, der Sparsamkeit, der Ordnung treffenden Maaßstab nicht giebt, als diesen.

Nur Gott sieht das Herz! Der Staat muß bei seinen Einrichtungen um Werth und Wirkung seiner Glieder zu messen und zu regeln, nothwendig zu äußern materiellen Maaßen seine Zuflucht nehmen und Niemand wird leugnen, daß die in dem Reineinkommen des Menschen, in dem Ueberschuß seines Verdienstes über seine Bedürfnisse, sich spiegelnden Verhältnisse im Ganzen und Großen auch ein richtiges Bild von seinen intellectuellen und moralischen Eigenschaften geben, auf die es dem Staat und der Gemeinde bei dem Stimmrecht jedes Einzelnen noch mehr ankommen muß, als auf den auch nicht zu verachtenden Steuerbeitrag selbst.

Wenn also auch keineswegs als Aequivalent des Stimmrechts, hat doch die directe Steuer, die Jemand von seinem Reineinkommen entrichtet, als allgemein anwendbarer Maaßstab der Stufe, die er im Staatsleben einzunehmen moralisch berechtigt und befähigt ist, einen ganz entschiedenen innern Werth.

Es muß nur, um diese Wahrheit ins Licht treten zu lassen, eine Besteuerung zum Maaßstab gewählt werden, die in der That auch das ohngefähre Reineinkommen trifft, und das ist allein im engern Kreise möglich, wo gegenseitige Kenntniß der individuellen Verhältnisse obwaltet, und wo zugleich das allgemeine Interesse die Beachtung dieser Verhältnisse bei der Besteuerung überwacht.

Es muß also eine Gemeindeeinkommensteuer zu Grunde gelegt werden. An die Einführung einer einigermaßen genügenden Alle umfassenden Staatseinkommensteuer ist noch lange nicht zu denken, und der Staat wird seine fehlerhaften aber sichern Steuern um ein solches Projekt nicht aufgeben. Ganz anders aber stellt sich das Verhältniß bei den Gemeinden und wenn diese in ihrem Umfange großentheils neu organisirt werden, kann der Einführung von Einkommensteuern bei denselben kein wesentliches Hinderniß entgegentreten, zumal selbst die Mahl- und Schlachtsteuer-Zuschläge, welche augenblicklich überall ganz aufzuheben kaum rathsam ist, als indirecte Einkommensteuer aller Einwohner daneben fortbestehen können, wo das Bedürfniß dazu obwaltet, weil es sich ja eben nur um den richtigen Maaßstab handelt.

Gesetzt nun, dem Mittelstande wären zur Begründung der ihm im constitutionellen Staatsleben zugedachten Stellung $\frac{3}{5}$ der Wahlstimmen sicher zu stellen, so würde diesem Verhältniß gemäß sowohl die Communalsteuer, als dieser folgend das Wahlrecht zu vertheilen sein, welches der Gemeinde vom Staat nach Maaßgabe der Seelenzahl zugewiesen ist, oder welches sie in Betreff der Gemeindevertreter und Vorstands-Wähler kraft eignen Beschlusses zu üben gedenkt. Ein Beispiel wird dies erläutern:

Die Gemeinde N. mit 5000 S. (dem vormaligen

Minimum) hat auf je 200 S. einen Wahlmann oder Gemeindevertreter zu wählen, und dieselbe Gemeinde hat 5000 Thlr Communalsteuer aufzubringen, so wird diese Summe in 3 Klassen übrigens mit beliebigen Unterabtheilungen in solcher Weise vertheilt, daß

die 1. Klasse $\frac{1}{5}$ mit 1000 Thlr. aufbringt und	5 Wahlmänner wählt,
die 2. Klasse $\frac{3}{5}$ mit 3000 Thlr. aufbringt und	15 Wahlmänner wählt,
die 3. Klasse $\frac{1}{5}$ mit 1000 Thlr. aufbringt und	5 Wahlmänner wählt.
5000 Thlr.	25 Wahlm.

In der 1. Klasse, welche die höchsten Steuersätze hat, müssen sich nun die begütertsten Einwohner, in der 2. alle Personen mittleren Einkommens, in der 3. die wenig bemittelten befinden. Wer nicht steuert, wählt nicht. Das Recht zu steuern muß aber durch die geringe Abmessung des niedrigsten Satzes auch dem Aermsten werden. Natürlich werden nur, wo die höchsten Steuersätze die wenigsten Personen, wo die geringsten die meisten auf dieselbe Zahl von zu Wählenden kommen. Aber das Uebergewicht, und in sich bereits ein gleiches Wahlrecht wird die Mittelklasse haben. Wo die Vermögensverhältnisse nicht sehr schroff abgegrenzt sind, wie z. B. hier in Preußen, so in den Städten als auf dem Lande, da es unzählige Arten von Gütern giebt und vom größten Gutsbesitzer durch die kleinen, die Freischulzen, großen Bauern, kleinen Bauern, Arbeiter mit Haus und Land, mit halben Häusern, ohne Besitz eine ganz allmählige Abstufung führt, wird sie auch noch in die erste und dritte Klasse hineinreichen. Auch hat es der Gemeindevorstand in der Hand, nach oben hin durch nicht zu hohe Sätze das Hervortreten einiger Wenigen zu vermeiden, wenn die Gemeinde den gehörigen Umfang hat, nach unten hin, was so wichtig ist, alle Aermeren heranzuziehen, durch die Abgrenzung der Steuersätze aber auch hierher die Mittelklasse auszudehnen und schädlicher Isolirung der mittelalterlichen Reste von Geburts- und Gewerbs-Ständen in den Klassen, die durchaus vermieden werden muß, vorzubeugen. In dem Maaße aber, als mit wiederkehrender socialer Gesundheit die Extreme der Besitzverhältnisse schwinden, wird die Zahl der Steuernden in jeder Klasse der der Wähler gleichmäßig proportionirt werden, und sich dadurch von selbst das gleiche Stimmrecht, das unverrückbare Ziel des Volksverlangens in einem freien Staat, herstellen, was bei einer Combination von Grund-, Gewerbe- und andern Staats-Steuern in dem Wahlsystem nie der Fall sein kann. Die Regierung würde, bei diesem Steuersystem, an das nicht nur die Wahl der Gemeinde- sondern auch der Volksrepräsentation zu knüpfen, die allgemeinen Grundsätze der Besteuerung aufstellen und dabei auch ihr Interesse wahrnehmen; im Ganzen aber regulirt sich, da es doch immer aufs Zahlen ankommt und das eigne materielle Interesse die Gemeinden nöthigt, jedem seine Stelle nach der Steuerkraft anzuweisen, Alles von selbst.

Dies das Wahlsystem, bei dem das gewählte Zahlenverhältniß 1, 3, 1, für die 3 Klassen immerhin noch einer nähern Prüfung unterzogen werden kann, ohne die Anwendung der Principien zu beeinträchtigen.

Uebrigens stehen wir bei der bedeutsamen Stellung, welche wir der Gemeindeeinkommensteuer hier anweisen, im directen Widerspruch mit dem m. E., welcher die Gemeinden durch die §. §. 47. 49. nöthigen will, die Gemeindesteuer nach dem Staatssteuerfuß abzumessen, während, wenn möglichste Gerechtigkeit bei der Besteuerung erzielt wird, gerade das umgekehrte Streben stattfinden muß, die Staatssteuer nach dem Gemeindesteuerfuß aufzubringen, da die letztere natürlich weit mehr den individuellen Verhältnissen folgen und fortschreitenden Verbesserungen unterworfen werden kann, als die erstere; dies auch dem Princip wahrer Selbstverwaltung allein entsprechend ist.

Bei vorgerücktem Gemeindeleben wird die Regierung den Staatsbedarf gar nicht mehr direct erheben, sondern denselben nach der Seelenzahl in folle auf die Gemeinden repartiren und dadurch ihren ganzen schwerfälligen Steuerapparat, das Volk aber die großen Kosten dieses Apparats los werden.

Dann wird auch das Steuerbewilligungsrecht der aus den Gemeinden hervorgegangenen Vertreter seine richtige Bedeutung erhalten, überhaupt aber durch dieses System jene vollkommene Wechselwirkung zwischen Staat und Gemeinden, zwischen Haupt und Gliedern hergestellt werden, welche die Gesundheit des Staatsorganismus bezeichnet.

3. Die äußern Verhältnisse der Gemeinde.

A. Verhältniß zu Neuanziehenden.

Volle Freizügigkeit ist bei dem Charakter unseres gewerblichen Lebens unerläßliche Bedingung und die Bestimmung in §. 2. des m. E. daher völlig begründet. Aber ohne gleichzeitige Reorganisation der Gemeinden in großem Maaßstabe wird sie zur drückenden ja unerträglichen Last für viele und tritt überdies nur halb ins Leben. Wie Ritterburgen schließen sich, durch üble Erfahrungen klug gemacht, viele kleinere Landgemeinden gegen alle neu anziehenden Personen von zweifelhafter Erwerbsfähigkeit einfach durch verabredete Weigerung, eine Wohnung zu vermiethen, ab, weil im Gefolge des Anzugs die Armenpflege ist. Ja es geschieht nicht selten, daß Gemeinden und Gutsbesitzer ihre Einwohner, wenn sie alt werden, mit guter Absicht vor eintretender völliger Arbeitsunfähigkeit entlassen, um der Armenpflicht zu entgehen, die freilich Einzelnen sehr schwer fallen muß. Die natürliche Folge ist, daß das schlimmste Proletariat den Städten zufällt, die sich weniger verschließen können und in denen im Allgemeinen bessere Armenanstalten sind. Nicht allein, daß die Städte dadurch unverhältnißmäßig belastet werden, so consolidirt sich dadurch Laster und Elend dort auf die traurigste Weise. Soll die Freizügigkeit keine Ungerechtigkeit im Gefolge haben, und überhaupt eine volle Wahrheit werden, so ist es unbedingt erforderlich, daß die aus der Freizügigkeit hervorgehende Verpflichtung der Armenpflege allgemein auf größere Communal-Verbände übertragen und diese also vor Allem geschaffen werden.

Besondere, die ganze oder einen Theil der Provinz umfassende Armenverbände, zu denen man jetzt als Aushülfe im Unvermögensfalle der Commune und bei Heimathlosen schreitet, führen wegen zu sorgloser Verwaltung zu immer steigender Armentaxe, was die Provinzen in dem jährlichen

Anwachsen der Landarmenfonds schon sehr empfinden müssen. Communen, die nicht im Stande sind, ihre Armen zu unterhalten, darf es fernerhin, außerordentliche Fälle von Mißwachs ausgenommen, nicht mehr geben. In solchen Fällen aber tritt der Staat zu, da die betreffende Provinz dann doch in der Regel in weiterem Umfange heimgesucht ist.

B. Verhältniß zu dem Kreis-, Bezirks- und Provinzial-Verbande.

Die Nachbarschaft muß zur Gemeinschaft so mancher Interessen zwischen den Gemeinden führen, für welche zunächst in den Kreisen ein Organ gegeben ist. Ob die Kreise in ihrer jetzigen Begränzung einer solchen natürlichen innern Verbindung der Gemeinden sämmtlich entsprechen, wäre allerdings nach Reorganisation der Gemeinden noch zu untersuchen, und dem Bedürfniß etwaniger Veränderungen Abhülfe zu schaffen. Dies vorausgesetzt ist der Kreisverband um so geeigneter, solchen gemeinsamen Interessen Befriedigung zu verschaffen, als er zugleich eine administrative Station des Staats bildet, an der sich die Organe des Staats und der Gemeindeverwaltung die Hände reichen. Indem der m. E. den Kreisverbänden das Recht der Selbstverwaltung beilegt, sie als Corporationen und Verwaltungsbezirke anerkennt, indem er ihnen ferner eine aus den Gemeinderäthen hervorgehende Vertretung mit der Befugniß in Kreisangelegenheiten Abgaben zu beschließen und zu vertheilen — die Kreisversammlung — und ein aus Kreisabgeordneten und dem Landrath bestehendes Verwaltungsorgan — der Kreisrath — giebt, befriedigt derselbe nur ein wahres Bedürfniß. Schon vor der Reorganisation der Gemeinde wird ein provisorischer Kreisrath von der Regierung zu ernennen sein, um jenes schwierige und hochwichtige Geschäft zu leiten.

Wenn der m. E. nun aber auch die Regierungsbezirke, welche rein aus dem auf dem bisherigen centralen Verwaltungssystem beruhenden Bedürfniß des Staats hervorgegangen sind, als in ihrer Integrität gesetzlich garantirte, mit einem Budget und einer Art Vertretung versehene, innere Einheiten auffaßt, so scheint dies wohl nicht genügend motivirt, da eine Gemeinschaft eigenthümlicher Interessen sich in den zum Bezirk verbundenen Kreisen resp. Gemeinden meistentheils nicht wahrnehmen läßt, die geographische Lage solche, wie z. B. im Departement Marienwerder, das sich einige 30 Meilen lang erstreckt, oft gänzlich hindert, das Band derselben auch bisher in der Regel nur das administrative Verhältniß zu der Departements-Regierung gewesen ist.

Es scheint daher dem natürlichen Bedürfniß, das eine Gemeinschaft administrativer Interessen allerdings auch in einem weitern Bereich als den Kreisen herbeiführen kann, die aber nur selten und zufällig mit den Regierungs-Departements-Gränzen zusammenfallen wird, besser gedient werden zu können, wenn in solchen Fällen auf Antrag der Interessenten oder Veranlassung des Staats durch Vermittelung eines Regierungs-Commissairs Vertreter der betreffenden Gemeinde zur Beschlußnahme auf Grund besonderer Vollmachten ihre Mandanten zusammenberufen und längere

Zeit fortdauernde Interessen durch eigends dazu bestellte Deputationen aus ihnen wahrgenommen werden.

Ein derartiges Verfahren wäre, vom Standpunkte des Gemein- und Verwaltungsinteresses um so genügender, als das wohl allerdings vorhandene Bedürfniß noch eines vermittelnden größeren Verbandes zwischen Kreisgemeinde und Staat, ja außerdem durch die Provinzialverbände völlig befriedigt werden soll und kann, wenn diese in Betreff ihres jetzigen auch oft durch äußere Verwaltungsrücksichten des früheren Systems ohne Beachtung innerer Gemeinschaft bestimmten Umfangs nach natürlicher Verwandtschaft und Interessenverbindung regulirt werden.

Sollen diese Provinzial-Verbände aber eine lebendige Wirkung üben, so müssen sie außerdem in den lebendigen Zusammenhang mit den Gemeinden gesetzt werden, den nur unmittelbare Wahlen aus den Gemeinde-Vertretungen gewähren können. Die Kreise, aus deren Vertretung der m. E. die Provinzial-Versammlungen hervorgehen lassen will, sind nicht so innig in sich verbunden, stehen dem Volksleben nicht so nahe, als die Gemeinden. Daß Jemand dem Volksleben nahe steht, das eben macht ihn zum geeigneten Vertreter.

Die Provinzialversammlungen müssen daher zu Communallandtagen werden.

Für solche wird sich, wenn zunächst den Gemeinden durch die vorgeschlagene Reorganisation neue Lebensfähigkeit gegeben ist, ein lebhaftes Bedürfniß zeigen. Denn die großen Aufgaben, die ihnen dann anvertraut sind, würden noch manche generellere Vorschriften und gemeinsame Einrichtungen und Anstalten nöthig machen, die in zweckmäßiger Weise nur durch Mitwirkung der Interessenten entstehen. Schon die Besprechung in größeren Communalversammlungen wird aber bei der Vielseitigkeit der Gemeinde-Interessen höchst anregend, fördernd und einigend auf das durch alle zulässigen Mittel neu zu erweckende Gemeindeleben wirken.

Der practische Nutzen dieser Versammlungen wird aber noch erhöht werden, wenn der Regierung das Recht gegeben wird, Mitglieder ihrer Provinzialregierung mit Stimmrecht in dieselben zu deputiren, was, da es sich hier weniger um Vertretung als um allgemeinere höhere Verwaltungsinteressen handelt, vollkommen gerechtfertigt ist und viel bessere Resultate haben wird, als die nach dem m. E. für den Bezirksrath von der Pr.-V. zu deputirenden 4 Mitglieder, die neben dem geschäftskundigen, die Leitung der Dinge in der Hand behaltenden Regierungs-Präsidenten, der sie von Zeit zu Zeit einberufen soll, nur eine schattenhafte nichtssagende Rolle spielen werden, der sie nicht lange Interesse schenken können.

Ein ständiger Communallandtagsausschuß wird geeignet sein, die laufenden Geschäfte der größeren Communalbezirke fortzuführen und mit Hinzutritt von Königlichen Commissarien die Aufsichts- und Beschwerde-Instanz für große und kleine Gemeinden mit Sachkenntniß und viel mehr Vertrauen der Gemeinden zu führen, als der Bezirksrath des m. E.

Wir schreiten damit zur Feststellung der Bestimmungen über

C. Das Verhältniß der Gemeinden zum Staat. — Aufsichtsrecht desselben. —

Das ganze Beaufsichtigungssystem der Regierung, gegenüber den Gemeinden, stammt aus der Zeit, in welcher die Regierung den Staat nur in den Beamten erblickte, und in den Volksformen — den alten Ständen und Gemeinden nur vorsichtig zu bewachende Außenwerke sah, und bis zur völligen Beseitigung ihrer dem modernen Staatswesen widersprechenden partikulären Einrichtungen auch sehen mußte.

Diese Phase der Geschichte ist aber überwunden, eine neue ist angetreten, welche ein ganz anderes Verhältniß verlangt. Der Gedanke des einheitlichen Staats ist ein allgemeiner geworden und damit die Berechtigung des Volkes an der Staatsverwaltung selbstthätig Antheil zu nehmen, eingetreten.

Dem constitutionellen Princip gemäß soll nunmehr das Volk wieder der Staat werden, das Volk in seiner natürlichen Grundform, den Gemeinden, welche im Kreise und in der Provinz, zur höheren Einheit des Staates emporwachsen.

Der äußerliche Gegensatz von Staat und Gemeinden und das aus ihm hervorgegangene Aufsichts- und Controllwesen hört damit nothwendig auf und die Staatsregierung tritt in die naturgemäße Rolle der obersten Leitung.

Wohl bedingt die Einheit des Staatslebens dauernd den engsten Zusammenhang von Staats- und Gemeindeverwaltung und eine Unterordnung der letztern unter die

Grundsätze der ersteren, aber diese Grundsätze sollen durch die Gemeindeverfassung und durch die allgemeinen Landesgesetze für Jedermann, auch für die Leiter der Corporationen bindend ausgesprochen sein.

Der Richter ist auch für sie da und jedem zugänglich.

Die Hauptgarantie des Staats aber für die Bewachung dieser Einheit soll durch die gute innere Organisation, die völlige Oeffentlichkeit der Verwaltung und die freie Presse, nicht durch äußere Behördeaufsicht herbeigeführt werden, welche das Gefühl der Selbstständigkeit und eigenen Verantwortlichkeit vor der Gemeinde und dem Gewissen, damit aber ein Hauptelement aller tüchtigen Entwickelung trübt und ihren Zweck stets verfehlt.

Wir müssen uns daher entschieden gegen das Bevormundungssystem erklären, welches der m. E in vielen seiner Bestimmungen wieder adoptirt, wie es scheint, um auf diese Weise die mangelhafte innere und äußere Organisation der Gemeinde auszugleichen.

Solchen Gemeindekörpern freilich, wie den im ersten Theile unserer Darstellung geschilderten, läßt sich eine das Interesse des Staats oder auch nur das eigene Interesse der Commune sichernde Einrichtung nicht geben. Der m. E. nimmt deshalb nicht Anstand, den Gemeinden höchst wesentliche Rechte der Selbstverwaltung, welche der §. 6 und die Verfassung vom 5. Dezember pr. für alle Gemeinden proclamirt, wieder zu entziehen.

Denn

nach §. 45 bedürfen die Gemeinden der Genehmigung des Bezirksraths — die kleinern des Landraths zur Veräußerung von Grundstücken, zu Anleihen, zu Veränderungen im Genusse der Gemeindenutzungen, nach §. 47 eben dieser Genehmigung, wenn sie Steuern in anderer Weise als durch Umlagen auf die directen Staatssteuern, oder auch auf diese über 50 pCt, machen, nach §. 49 wenn sie Dienste nach einem andern als nach diesem Maaßstabe ausschreiben wollen.

Das unbeschränkte Beanstandungsrecht des Vorstands gegen die Beschlüsse des Gemeinderaths, mit der Befugniß auf den Bezirksrath zu provociren, macht die vorgesetzte Behörde sogar zum Herren des Gemeindeetats und die Sonderstellung des Bürgermeisters, als Polizeibehörde und Regierungsorgan's, welches Vorstandsbeschlüsse als dem Staatsinteresse zuwiderlaufend unter Provocation auf den Regierungspräsidenten suspendiren kann, dehnt diese Abhängigkeit von höheren Behörden noch weiter aus.

Alle diese äußern Beschränkungen der Selbstverwaltungsbefugniß der Gemeinden werden fortfallen können und müssen, sobald ihnen die gehörige innere Organisation auf der nöthigen Bevölkerungsgrundlage allgemein gegeben wird. Folgende wichtige unter Mitwirkung von Volksorganen auszuübende Befugnisse

1) das Recht, den Bürgermeister zu bestätigen oder die Bestätigung wegen mangelhafter Geschäftskunde oder Bescholtenheit des Lebenswandels zu versagen;

2) die Disciplinargewalt gegen Gemeinde-Vorstandsmitglieder, wie gegen unmittelbare Staatsverwaltungsbeamte wegen Ueberschreitung ihrer Befugnisse und Pflichtvernachlässigungen;

3) das Recht der Entscheidung in der Beschwerdeinstanz

würden die Regierung gewiß völlig in Stand setzen, das allgemeine Staatsinteresse wahrzunehmen und Uebergriffen der Gemeindebehörden gehörig entgegenzutreten.

Es kommt nur darauf an, diese wichtigen Rechte so zu regeln, daß eine freisinnige und lebendige nicht buchstabenmäßige Handhabung derselben gesichert wird.

Wir glauben, daß diesen Bedingungen wohl entsprochen werden würde, wenn die Staatsregierung die Rechte ad 2 und 3 durch Königliche Commissarien mit Zuziehung, bei kleineren Gemeinden des Kreisausschusses, bei größeren des in vorgeschlagener Weise gebildeten Communal-Landtagsausschusses wahrnähme.

Das Recht der Bestätigung des Bürgermeisters dürfte dagegen für alle Gemeinden vom Könige nach Anhörung des Communalausschusses zu üben sein, da die Königliche Bestätigung der Stellung freier Gemeinden im constitutionellen Staat entsprechender zu sein scheint, als die Ernennung durch untergeordnetere Organe, da ferner dieselbe das Königthum in die für das Gedeihen der constitutionellen Monarchie so wünschenswerthe unmittelbare Verbindung mit den Gemeinden setzen und auch die Autorität der Gemeindebehörden wesentlich stärker würde, während andererseits ein Instanzenzug im Falle der von dem Regierungs-Präsidenten versagten Bestätigung doch nur scheinbar verloren ginge, da ja in der Regel Alles auf seine Berichterstattung ankäme.

4. Stadt- und Landgemeinden.

Der Unterschied von Stadt- und Landgemeinden ist bei Entwickelung dieser Grundzüge bisher nicht in Betracht gekommen, obwohl er sich praktisch in der Verschiedenheit der Bevölkerung, ihrer Wohnungsweise, der Hauptendenz ihres materiellen Lebens, der Bildungsanstalten, der Polizeipflege u. s. w. wesentlich markiren muß. Der allgemeine formelle Organismus der Gemeinden muß aber so beschaffen sein, daß diesen Verschiedenheiten und der daraus hervorgehenden Vereinfachung oder Erweiterung der Verwaltungsgeschäfte freier Spielraum gewährt wird. Wir protestirten deshalb gegen zu enge Zahlenbegränzung bei der Bildung des Vorstandes und der Vertretung, und hoben besonders das elastische Institut der Deputationen als die beste Verwaltungs-Einrichtung, die auch bei Landgemeinden trefflich zu handhaben ist, und öftere Vorstandssitzungen unnöthig macht, hervor.

5. Form der Gemeindeordnung.

Wir haben nur noch die allgemeine Anordnung des organischen Gemeindegesetzes ins Auge zu fassen.

Die neue Gemeinde-Ordnung darf kein leeres Gerippe abstracter Formen sein, wie es der m. E. noch in höherem Maaße als die Städteordnung ist, die doch diese und jene lebendigere Bestimmung, doch hie und da ein Kraftwort enthält, wegen ihres vorwiegend abstract-formellen Inhalts aber doch von den meisten Bürgern nicht ordentlich gekannt wird: Nur Beamte verstehen so etwas.

Soll das neue Gesetz nicht eine bloße Verordnung über die Gemeinden sondern eine Lebensordnung für dieselben sein, die ebenso den Gemeindebehörden als jedem einzelnen Mitgliede Recht und Pflicht in Gemeindesachen deutlich vorzeichnet, so muß es in faßlicher Sprache und einfacher Anordnung wesentlichen Inhalt geben und die Formen in ihrem Zusammenhange mit den Zwecken des Gemeindelebens, dadurch aber in ihrer inneren Nothwendigkeit hervortreten lassen.

Wie ein Gesetz faßlich zu dem Theil des Volkes spricht, der an abstractes Denken nicht gewöhnt ist, lehren die alten Willkühren, lehrt selbst noch die Dorfsordnung des alten Fritz. Da sind es immer concrete, allen wohlbekannte Gegenstände, an deren Benennung sich die wenigen rein formellen Bestimmungen deutlich anschließen. In dem Maaße als seitdem der alte enge Zusammenhang zwischen Regierung und Regierten durch zunehmende Centralisation gelöst ist und die Gesetzgebung mehr und mehr aus einem Lebenskreise kommt, der durch eine lange Kette von Dienern, die nur zu oft aufmerksamer auf die Befehle und Winke „höheren Orts“ als die Bedürfnisse da unten zu lauschen pflegen, mit dem Volk nur noch in sehr ferner und loser Verbindung steht, und eben daher nur sehr allgemeinen Begriff davon hat, ist die Sprache der Gesetze immer abstracter und für den ungeschulten Kopf unfaßbarer geworden. — Nur wenn die Gemeindeordnung in klarer, derber, einfacher Sprache, zugleich die materiellen Bestimmungen über die jedem nahe liegenden Hauptgegenstände des Gemeinwesens, über Gewerbewesen, Schulwesen, Armenwesen, Heimathsrecht, Polizeipflege aufnimmt, die jetzt selbst der Beamte nur schwer aus allen Büchern zusammensuchen kann, und reine Formalitäten, die nur die Behörden interessiren, in besondere Reglements und Instructionen für Behörden verweist oder zum Theil dem Beschluß der Gemeindebehörden überläßt, wird sie Eingang im Volksgeiste und Herzen finden und eine sichere Grundlage des Gemeindelebens, ein politischer Catechismus des Volkes sein, mittelst dessen es sich zu wahrhaftem Gemeinde- und Staatsbürgerthum heranbildet.

III. Das Staatsverwaltungssystem.

In der Entwickelungs- und Krankheitsgeschichte der Gemeinden, deren Darstellung dieser Untersuchung des zeitgemäßen Heilplans voranging, sahen wir den Beginn des äußern Verfalls mit dem Augenblick eintreten, als in das Innerste des Gemeindelebens plötzlich jenes Verwaltungssystem der Staatsregierung eingriff, das man mit dem Worte:

Centralisation

zu bezeichnen pflegt.

Von der geschichtlichen Nothwendigkeit erfaßt, den Raum zu ebnen, für den hehren doppelthürmigen Dom des deutschen Repräsentativ-Staats der Zukunft, macht die Regierung dem innerlich erstorbenen Dasein jener bunten Mannigfaltigkeit des mittelaltrigen Particularismus ohne alle Romantik auch äußerlich ein Ende und errichtet aus den

Trümmern der Königlichen Souverainetät ein majestätisches Schloß.

In stolzem Vertrauen auf die eigene Weisheit und einem eben so großen Mißtrauen gegen die nach alten Privilegien und Sonderrechten begehrlichen Corporationen von den Landständen bis herab zu den Gemeinden und Innungen entzieht die Regierung darauf den größten Theil der öffentlichen Angelegenheiten, die ihrer Natur nach nur in kleineren Kreisen unter Mitwirkung der Betheiligten zweckmäßig verwaltet werden, jeder selbstständigen Einwirkung der Gemeindevorstände und macht sie zu abhängigen bedeutungslosen Ortsdienern, indem sie die Leitung bis ins Detail theils selbst übernimmt, theils der ungeregelten Privatthätigkeit der Einzelnen überläßt.

Des angemessenen inneren Wirkungskreises beraubt, von oben herab als bloße Staatsverwaltungsbezirke nach einer abstracten Regel behandelt, hauchen diese Corporationen bald noch ihr Restchen inneres Leben aus, dauern nur noch dem Namen nach fort und verfallen innerlich in jenen Zustand der

Desorganisation,

welche der wahre Moderboden für den schnell emporschießenden Beamtenorganismus ist, durch den die Regierung den hingestorbenen Volksorganismus zu ersetzen denkt. Auch diese Schöpfung der nichts vergeblich erzeugenden Geschichte bringt ihre guten politischen Früchte, und in dem Sommer ihres Lebens ein Schattendach für den geruhenden Herrscher und das ruhende Volk.

Aber wie so oft ein kurz gemessenes Dasein sich zu üppig ausbreitet, macht die Beamtenherrschaft ihr Wirken immermehr nur durch die Hindernisse bemerkbar, die es dem in verjüngter Lebenskraft aus dem Mutterboden wieder emporstrebenden Volksleben entgegenstellt, und erstarrt trotz aller Einsicht, allem guten Willen Einzelner selbst allmählig zu jener kalten Form, jenem leblosen Mechanismus, den der Name

Büreaukratie

bezeichnet.

Der Allmacht des auf diese Kraft — die ein Federdruck im Centrum nach allen Seiten in einer Weise in diensteifrige Thätigkeit versetzt — gestützten Regiments steht nun der Einzelne ohnmächtig gegenüber.

All' die Verbände, in deren schützenden Schranken sich sein Dasein selbstständig und individuell gestalten konnte, sind gefallen. Es giebt nur noch einen absoluten Willen, dem sich alles außerhalb desselben Stehende fügen muß und der, nicht immer von jener Selbstentsagung und großartigen Einsicht des großen Friedrich geleitet, sich oft herrisch und einseitig geltend macht, das Volk aber an völlige Unthätigkeit in den öffentlichen Angelegenheiten gewöhnt.

So wird der Keim zu jenem unnatürlichen Gegensatz zwischen Volk und Staat entwickelt, der jenes in diesem nur noch ein Fremdes zu erkennen, der Regierung nur Rechte fordernd gegenüberzutreten drängt, ohne auch der Pflichten eingedenk zu sein, die Regierung aber zu nicht minder einseitiger Auffassung ihres Verhältnisses zum Volke treibt.

Inzwischen hat im Gewerbsleben die neu erwachte hier aller Banden ledige Volkskraft, begünstigt von der Regierung, die sie gern auf diesem materiellen Gebiet befriedigt sähe, einen mächtigen Aufschwung genommen. Die

Triebkraft des, aller beherrschenden genossenschaftlichen Bande ledigen, Eigennutzes wirkt hier gewaltig. Aber Eigennutz ist das auflösende Princip in der Welt. Friede und Glück der Gesellschaft lassen sich darauf nicht bauen. Das Gleichgewicht der Kräfte wird überall zerstört. Unter dem Banner der

Concurrenz

wird Mann gegen Mann der Kampf der Selbsterhaltung und Gewinnsucht geführt, indem dort ein Capitalist Berge auf Berge von Gold thürmt, hier Hunderte von Handwerkern verarmen und in die dumpfen Kellerwohnungen des da draußen glänzenden Staatsgebäudes zur Unterwelt des

Proletariats

heruntersteigen, um dort mit Tausenden frühern Ankömmlingen ohne Licht und Sonne der Civilisation, ein menschliches Schattendasein noch traurig zu fristen und — die Grundlage der Gesellschaft immer mehr zu unterwühlen.

Eine schrankenlose Subjectivität, eine ausschließliche Richtung auf das eigne Ich, ein Geist der Verneinung gegen alle höhere Verhältnisse, alle bestehende sittliche Bande bemächtigt sich in diesen Zuständen mehr und mehr der Gemüther.

Aus dem unerschöpflichen Schooß der tausendfachen Forderungen, die nun jeder an den Staat und Andere, nur Wenige an sich selbst machen, die jeden zum Herrschen, die wenigsten zum Dienen antreiben, wächst auch der wilde Sohn des 19. Jahrhunderts, der edel wollende, aber im verwirrten Rechtsbegriff und mangelnder Selbsterkenntniß schlecht handelnde Carl Moor unserer Zeit — welcher durch physische Gewalt geistige Güter erringen will, welcher mit dem Schlage einer ritterlichen That die Welt, diese Stufenleiter der ernstesten Arbeit, in ein Paradies des allgemeinen gleichen Lebensgenusses verwandeln möchte und den störenden Mephistopheles lediglich in den Regierungen sieht — wächst

die Demokratie

hervor und rüstet die Revolutionen, die vom Weltmeer bis zum Niemen, von der Ostsee bis zum Aetna Europa nach allen Richtungen hin erdbebenartig erschüttern.

Auch wir sind nicht befreit geblieben, wie Mancher träumerisch dachte, während es in des Nachbarn Hause brannte. Das unterwühlte Gebäude wankte beim ersten Stoße. Die Menge aber, vielleicht gebunden durch ihr grenzenloses Erstaunen über die unerwarteten Erfolge gegen eine für unbesiegbar gehaltene Größe, begnügt sich mit der Verheißung der verlangten Organe, um sich fernerhin neben der Allmacht der Königlichen Souverainetät geltend zu machen.

Doch dieser augenblickliche Friede ist unnatürlich und trügerisch; die befreite Presse, übermüthig und anmaßend wie alle jungen Emporkömmlinge, erhebt leidenschaftlich ihre anfeuernde ohne Unterlaß Zeter rufende Stimme, deren Wiederhall auf allen Seiten die gemäßigte Ueberzahl des Volkes zum resignirten Schweigen betäubt und alle Strudelköpfe entzündet.

Eine Volksrepräsentation tritt unter solchen Einflüssen zusammen, wie diese Stimme sie verlangt. Zu natürlich bietet sie das wirre Bild der chaotischen Gesellschaft, aus der sie hervorgegangen. In ihrer weit überwiegenden Mehrheit des Woher und Wohin so wenig als des Wie mit der entschiedenen Klarheit sich bewußt, die zum legislativen Schaffen gehört, noch gefesselt von jener Gewohnheit, die Freiheit rein negativ in der Bekämpfung der Regierung zu erstreben, die augenblicklich zur Erfüllung aller mit ihrer würdigen Existenz irgend verträglichen Forderungen bereit schien, weiß sie sich nicht Maaß und Ziel zu setzen und giebt dem Drängen äußerer und innerer Parthei-Leidenschaft, die es gelüstet, die Tragödie der französischen Revolution in Wort und Haltung noch einmal aufzuführen, immer mehr nach.

Als aber die umgestümsten Agitationen in und außer der National-Versammlung selbst auf die physische Macht der von ihr abhängigen Massen wiederholt provociren und hindeuten, beginnt die Regierung auch der ihrigen sich zu erinnern. Sie zählt die Häupter der Getreuen, deren Zahl sich durch Mitglieder der besonnenen Fortschrittsparthei täglich verstärkt, welche nur zu sehr erkennt, daß die Freiheit noch mehr von ihren sogenannten Freunden als den sogenannten Feinden zu fürchten habe, und findet sich dadurch stark genug, sich fast ohne Schwertschlag wieder in den Besitz ihrer Macht zu setzen.

Eine Verfassung wird gegeben, welche die meisten der gewünschten Volksberechtigungen in Aussicht stellt, und damit einer theils aus Census, theils aus dem allgemeinen Wahlrecht hervorgegangenen Vertretung die Hand zu neuem Bunde geboten.

Auch diese aber aus dem Kampfe zweier schroffen Partheien hervorgegangen, zeigt keinen Schöpfungsberuf und jenes Vorwalten unbestimmter Gefühle, welches sie in rascher Leidenschaft beschließen läßt, den Staat, den zu befestigen sie berufen, fast unbesehens um die schillernde Hoffnung eines größeren schöneren zu verschenken, der unter tausend Wehen noch erst geboren werden soll. Denn eine nicht despotische Einheit kann nur aus innerer Einigkeit hervorgehen, und diese — von der wir ach! im eignen Staat noch so weit entfernt sind — schreitet naturgemäß vom kleineren zum größeren Lebenskreise vor. Durch ein einiges und freies Preußen zu einem einigen und freien Deutschland! Eine abermalige Auflösung konnte geschehen, weil die Kammern noch lange nicht im Vollbesitz der öffentlichen Meinung waren und jener erste Versuch der Regierung trat ins Leben:

> das allgemeine Wahlrecht mit dem Bedürfniß des Friedensschlusses zwischen Königthum und Volk zu verbinden.

Die conservative Parthei wählt. Aber von der Regierung selbst verlassen in dem Bemühen der Volksrepräsentation eine unabhängige Stellung zu bereiten, kann eine so entstandene mit natürlichem Mißtrauen schon empfangene Vertretung ebensowenig als die frühere dem Lande haltbare Institutionen, neue feste Grundlagen des innern Friedens geben.

In der Entwickelung dieses neuen Moments sind wir begriffen. Kann die Regierung hoffen, daß der eingeschlagene Weg zum Frieden führt? In der Verfassungsfrage kein unbedingtes Recht der Theilnahme an der Gesetzgebung, kein Steuerbewilligungsrecht, in der Verwaltungsorganisation die Bestimmung Art. 104. der Verfassung

> daß die Organisation der Executiv-Gewalt des Staats von der den Gemeinden,

Kreisen und Provinzen zu gebenden Verfassung unberührt bleibt.

Welche praktische Bedeutung kann eine solche Organisation der Selbstverwaltung des Volks wohl haben, welche die bestehende Organisation der Behördenverwaltung unberührt läßt?

Die bisherige Untersuchung hat hierauf geantwortet.

Sie kann sich lediglich auf die äußere Form der Gemeindeverwaltung beziehen, der innere Geschäftskreis der Gemeinden muß unverändert bleiben, da die Königlichen Behörden ja in ihrer Thätigkeit die Angelegenheiten des Volkes in Polizei-, Gewerbe-, Kirchen-, Schul- und selbst Communalwesen — wenn hier auch durch die projectirte Bildung des Bezirksraths zur Seite des Regierungs-Präsidenten in der Form etwas verändert — zu verwalten nach wie vor fortfahren, und da nicht die Rede davon ist, daß auch nur eine der Departementalregierungen — der Centralpunkte der absoluten Verwaltungsorganisation in den Provinzen — eingehen und ihr administrativer Wirkungskreis auf Communen und Kreise übertragen werden soll, wozu sich der Staatsregierung durch Besetzung der Landrathsstellen mit Mitgliedern der Collegien und Organisation eines eigenen Provinzialverwaltungs-Collegiums die einfachste Gelegenheit darböte. Nichts wäre wohl auch einfacher und ersprießlicher, als daß zur Wahrnehmung solcher für collegialische Behandlung geeigneten Angelegenheiten, welche noch in Departementalbezirken nach Auflösung der Regierungen verblieben, die benachbarten Landräthe, wie in England die Friedensrichter, periodisch zu Collegien zusammentreten, denen ein gewählter Landrath oder ein Prov.=Reg.=Commissair vorsitzt, da ohnehin das Bedürfniß eines administrativen Zusammenwirkens, eine öftere Verständigung der Landräthe jetzt gar nicht befriedigt wird.

Neben lebenskräftigen Communen, denen die Verwaltung des Gewerbe=, des Polizei=, des Schulwesens, des Besserungswesens, ihrer Vermögensangelegenheiten selbst übertragen ist, und die zur Ausrichtung örtlicher Staatsgeschäfte wohl geschickt sind, kann sich die Staatsregierung für die Zwecke ihrer allgemeinen Leitung und Controlle auf Landräthe und ein Provinzial=Collegium ganz unbedingt beschränken, und es läßt sich mit Bestimmtheit voraus verkünden, daß ein solches Collegium viel kräftiger, lebendiger, einheitlicher wirken, die Staatsautorität viel imposanter vertreten wird, als jetzt mehrere Departements=Regierungen und halb neben, halb über ihnen in unbestimmter Schwebe zwischen dem Ministerium und den Regierungen noch ein Oberpräsident. Wieviel mehr den Bezirksräthen ein Communallandtagsausschuß vorzuziehen, dessen Sitz am Orte jenes Prov.=Coll. und der mit ihm zum Theil combinirt ist, haben wir früher ausgeführt. Wie sehr das Staatssteuerwesen durch Annahme des Princips, die Staatssteuer als Communalzuschläge zu erheben, allmählig vereinfacht werden kann, ist ebenfalls schon ausgesprochen.

Aber weit entfernt hievon, sahen wir vielmehr den Wirkungskreis der Commune selbst in Ansehung der Vermögensverwaltung gegen die St. Ord. v. 1808 geschmälert, in Ansehung der Polizeiverwaltung durch deren ausschließliche Uebertragung an den Bürgermeister, büreaukratisirt, überhaupt den Formen der Gemeindebehörden nach das Bestreben vorwaltend die Communen nach wie vor in der Bedeutung als örtliche Staatsadministrationsbezirke aufzufassen. Denn von diesem Standpunkt aus mußte die möglichst büreaukratische, vom Standpunkte der Selbstverwaltung der Communen die collegialische Form gewählt werden.

Zur bequemen werkzeugartigen Ausführung von Regierungsbefehlen sind unselbstständige Bürgermeistereien, mit Staatsbeamten an der Spitze, wie am Rhein, viel zweckmäßiger als Gemeinden mit Collegien und einer davon getrennten Vertretung; für ein selbstständiges sich selbst controllirendes Wirken aber werden die Letztern eine weit größere Garantie darbieten und bei gehöriger Vertheilung der Geschäfte in Deputationen doch zugleich die nöthige Schnelligkeit der Ausführung möglich machen, da das Collegium in corpore dann nur die allgemeine Leitung behält.

Das Endresultat unserer Untersuchung war demnach die traurige Entdeckung, daß ungeachtet der erklärten Absicht, den Communen die Selbstverwaltung ihrer Angelegenheiten zu geben:

> das alte aus dem Verfall des Volkslebens genährte Centralisationssystem der Staatsverwaltung beibehalten, eine zeitgemäße Organisation der Selbstverwaltung nicht erfolgt ist.

Niemand kann sich verhehlen, daß auch die üblen Folgen dieses mit dem neuerwachten Volksleben durchaus unzeitgemäß gewordenen Systems, welches Regierung und Volk von einander getrennt und zu unnatürlichen Gegensätzen gebildet, dadurch aber die Revolution aufgesäugt hat, fortwirken müssen, daß auch nicht der kleinste Schritt zur wahrhaften **innerlichen** Ueberwindung der destructiven Elemente des Staats gethan ist, so lange man solche vom Staatsmittelpunkte her, nur niederzuhalten fortfährt, statt alle guten Kräfte der Selbstthätigkeit des Volks in den kleinen Kreisen der Gemeinden gegen sie hinaufzubeschwören.

> Centralisation nach dem Staatsmittelpunkte, Desorganisation nach der Peripherie des Staatskörpers hin: das sind die Grundleiden der Gegenwart, aus denen alle andern nothwendig hervorgehen.
>
> Decentralisation und Reorganisation, jene in Betreff des Staats-, diese in Betreff der Gemeindeverwaltung sind die natürlichen Gegenmittel, welche sich den Staatslenkern darbieten, und die mit der größten Energie und mit der festesten Ueberzeugung, daß, wer Gott und dem Volk vertraut, nicht auf Sand baut, ergriffen werden müssen.

Kein Zweifel, daß aus diesem Uebergange auch manche Uebelstände entspringen, daß so Manches vorläufig nicht glatt, sondern sehr holprig gehen wird — doch giebt es keine andere Wahl. Dies kann daher nicht in Betracht kommen.

Die Größe und Güte der Staatsverwaltung wird zunächst darin bestehen, den Uebergang zu erleichtern; eine Menge geschulter Kräfte, die dem Staat überflüssig werden, wird, zu den Gemeinden übergehend, dies befördern. Diese nun werden so erst zum wahren Bilde des Staatslebens, zum Mikrokosmus desselben werden und indem sie so den Bürgern die bis jetzt noch vermißte Gelegenheit zu praktischen Erfahrungen auf dem Gebiete auch höherer Interessen, als bloßer Vermögensverwaltung, die Gelegenheit zu der wahrhaften Vorbildung für die Theilnahme an der Gesetzgebung gewähren, welche die Regierung selbst, die nur im Alleinbesitz einer praktischen Anschauung ist, oft so sehr vermissen muß und die freilich keine Theorie ersetzen kann. Schon aus diesem Grunde aber ist eine auch die höhern Lebensinteressen umfassende Gemeindeorganisation nach Annahme des constitutionellen Staatssystems ganz unumgänglich nöthig, und wird der Staatsregierung in ihrer Stellung zur Vertretung unendlich zu Gute kommen. Die Regierung wird aber überdies all die kleinlichen Verhältnisse, die sie durch die Conflicte ihrer Verwaltungsorgane mit dem Volke hat, los, sie befreit sich nicht minder von dem nicht nur auf dem Volk, sondern auch auf ihr selbst lastenden Maschinenwerk der Specialverwaltung und kann nun mit dem freien und unbefangenen Blick das Allgemeine der Staatsangelegenheiten ins Auge fassen, den ihre jetzige Stellung ihr so oft verschleiern muß, sie kann ihre ganze Aufmerksamkeit darauf verwenden, das Volk auf seiner großen internationalen Lebensbahn zu führen und zu fördern und die Harmonie der so unendlich mannigfaltigen Kräfte, die zum Staatsleben zusammenwirken sollen, innerhalb des gesetzlichen Taktes im Großen und Ganzen zu dirigiren.

Noch hatte die Regierung nur Geschäftsmänner, erst wenn sie diesen Schritt aus dem Detail der Staatsregierung hinaus in die große Lebensbahn des Volkes gethan hat, wird sie Staatsmänner haben, welche ihre Sache führen.

O, daß die Regierung in freier Ueberlegung diesen Entschluß ergriffe, da es noch Zeit ist, daß sie die schreienden Bedürfnisse der Gegenwart erkennend, dieselben mit schöpferischer Hand erfaßte und in der gebührenden Form befriedigte!

Der tiefe Riß zwischen einem Volk, welches neue inhaltsvolle Lebensformen begehrt und bedarf, und zwischen einer Regierung, welche die alten Zustände äußerlich festhält oder nur halb mit ihnen bricht, dieser Riß — der in geistigem Sinne die Revolution bedeutet — öffnet sich immer weiter und droht in seinem gähnenden Abgrund so das Volksglück wie die Regierung zu verschlingen; keine ganze Armee der Curtiusse unserer Zeit, die sich hineinstürzt, wird diesen Abgrund zu schließen vermögen. Aber keine ganze Hölle des Verneinens wird die Regierung überwinden, wenn sie sich mit einem Leben verheißenden Plan muthig und vertrauensvoll auf die Höhe der Zeit stellt und aus schämmerlichen Wirren des Augenblicks, aus all diesem Geifern, Höhnen, Hetzen, Splitterrichten, Verdächtigen, Verfolgen, das unser öffentliches Leben jetzt so schmählich entstellt, endlich den sichern Blick in eine Zukunft öffnet, wo der Deutsche wieder Deutscher sein, der Glaube an Gott und Menschen wieder in alle Gemüther einziehen wird.

Mit schwacher Hand, aber von dem Drange inniger Ueberzeugung geleitet, haben wir einen Theil dieses großen Plans in seinen Umrissen zu zeichnen versucht, indem wir die Nothwendigkeit schilderten, statt des Centralisationssystems das der Selbstverwaltung durch lebensfähige Gemeinden in seiner ganzen Wahrheit und Tiefe anzunehmen, in der Organisation der Gemeinden, wie in der des Staats-Ganzen den Constitutionalismus in seiner vollen Consequenz aufrichtig durchzuführen, eine innere Politik des wahren Gleichgewichts der im Staatsleben wirksamen so ungleichartigen Kräfte zu ergreifen, jedem Bunde mit der Aristokratie, es sei denn eine des Geistes, zu entsagen und sich ganz an den starken Stamm des Volks, den Bürgerstand zu lehnen, eingedenk der großen Lehre der Geschichte, daß deutsches Königthum nie einen gefährlichern Feind gehabt, als die Aristokratie, welche ihm aus den eigenen Würdenträgern und Beamten erwuchs, nie einen treuern Freund in jeder Noth, als das deutsche Bürgerthum.

Es giebt ein organisches Naturgesetz, das in geheimnißvoller Weise auch das Leben der Völker bildend erfaßt, jenes Gesetz, daß die Grundform des Volks sich in seinen spätern Entwickelungsstufen in immer höherer und mannigfaltigerer Form erneuert.

Das Königthum im Staatsverbande mit freien Gemeinden!

Jene eigenthümliche Grundform des deutschen Volks, welche die Lehnsaristokratie einst zersprengte, wird sich erneuern, und unter dem Schutze einer durch Einsicht und Mäßigung starken Volksrepräsentation zu viel dauerhafterer, herrlicher Blüthe entfalten.

Druck von C. Feister in Berlin.

FSC
www.fsc.org
MIX
Papier | Fördert gute Waldnutzung
FSC® C083411

Kolibri 360 GmbH
Ferdinand-Jühlke-Straße 7
99095 Erfurt, Deutschland
produktsicherheit@kolibri360.de